Stefan Wolle

# WLADIMIR DER HEILIGE

Stefan Wolle

# WLADIMIR DER HEILIGE

## Rußlands erster christlicher Fürst

Verlags-Anstalt Union
Berlin

Biographien zur Kirchengeschichte
Herausgegeben von Hans-Ulrich Delius

ISBN 3-372-00305-5

1. Auflage

Printed in Germany
Typographie: Marlies Hawemann
Einband und Schutzumschlag: P. Fischer Sternaux

Die Abbildung auf dem Schutzumschlag zeigt eine Ikone
aus der Nowgoroder Schule (Ende des 15., Anfang des 16. Jh.):
Boris, Wladimir und Gleb

# Inhalt

# Einleitung

## Auf der Suche nach dem verlorenen Bildnis

Hoch über dem Ufer des Dnepr, auf einem der grün bewaldeten, steil zum Flußufer abfallenden Hügel Kiews, erhebt sich weithin sichtbar das in Bronze gegossene Standbild des altrussischen Großfürsten Wladimir. In der Rechten hält er ein schmuckloses, auf dem Boden stehendes Kreuz, in der Linken die mit Pelzwerk verbrämte russische Fürstenkrone. Das um die Hüften gegürtete Schwert ist unter dem weit herabfallenden Umhang fast verborgen. Das Haupt des Fürsten ist stolz erhoben, der Blick fromm und gottesfürchtig in die Ferne gerichtet.

Tagsüber hat man von hier einen weiten Blick über den in majestätischer Ruhe und Erhabenheit hinfließenden Dnepr. Auf der linken Seite des Flusses zieht sich eine Kette von zerklüfteten, baumbestandenen Hügeln hin, am rechten Flußufer dehnt sich eine weite, von zahlreichen Nebenflüssen durchzogene Ebene. Dahinter sieht man am Horizont die modernen Wohnviertel und Satellitenstädte der ukrainischen Metropole. Nachts breitet sich zu Füßen des Großfürsten Wladimir das Lichtermeer der Millionenstadt, und zwischen den Lichterketten der Brücken spiegelt sich das von Scheinwerfern angestrahlte Denkmal im schwarzen Wasser des Dnepr.

Vor rund tausend Jahren – die altrussische Nestorchronik legt das Ereignis in das Jahr 988 nach Christi Geburt – war dieser Ort Zeuge eines großartig inszenierten Schauspiels, das die Geschichte Rußlands nachhaltig prägen sollte. Unter den frommen Gesängen griechischer Priester und dem lauten Wehklagen der entsetzten Einwohner von Kiew wurden die hölzernen Standbilder der heidnischen Götter umgestürzt und anschließend zerschlagen oder verbrannt. Das Idol des Donnergottes Perun, der im Kreis der ostslawischen Gottheiten einen bevorzugten Platz einnahm und besondere Verehrung genoß, wurde von zwölf Männern ausgepeitscht. »Dies aber nicht, als ob das Holz etwas fühle«, beeilte sich der Chronist hinzuzufügen, »sondern dem Teufel zum Hohn, daß er seine Strafe empfange von den Menschen.«[1] Dann wurde das Standbild des Perun einem Pferd an den Schwanz gebunden und von der Anhöhe, auf der sich die Kultstätte befand, hinunter zum Dnepr geschleppt und ins Wasser geworfen, wo es, von der Strömung getragen, den Dnepr hinabtrieb. Fürst Wladimir befahl seinen Leuten, das im Fluß schwimmende Standbild zu begleiten und ins Wasser zurückzustoßen, wenn es ans Ufer gespült werden sollte.

Anschließend ließ er durch Boten in der ganzen Stadt verkünden, am kommenden Tage hätte sich jedermann, »er sei reich oder arm, Bettler oder Knecht«, am Fluß einzufinden.[2] »Am nächsten Morgen zog Wladimir samt den Priestern und der Kaisertochter ... an den Dnepr, und unzählige Menschen waren dort zusammengekommen. Sie stiegen ins Wasser hinein und standen, die einen bis an den Hals, andere bis zur Brust, die Jungen am Ufer, andere ihre Kinder haltend ... und die Priester standen da und verrichteten die Gebete. Und Freude war zu sehen im Himmel und auf der Erde über so viel gerettete Seelen; nur der Teufel sagte stöhnend: ›Weh mir, daß ich von hier verjagt bin!‹ ... Als nun die Leute getauft waren, ging ein jeder in sein Haus. Wladimir in Freude, daß er selbst und sein Volk Gott erkannt hatten, blickte gen Himmel und sprach: ›Gott, der du Himmel und Erde gemacht hast! Schaue auf diese neuen Menschen und laß sie, Herr, dich, den wahren Gott, erkennen, wie dich die christlichen Lande erkannt haben …‹ Und nachdem er so gesprochen hatte, ließ er Kirchen zimmern und sie an den Stätten aufstellen, wo die Götzen gestanden hatten.«[3]

Wer war jener Fürst Wladimir, auf dessen Geheiß die Einwohner von Kiew, die noch am Vortage die Demütigung ihrer heidnischen Gottheiten lautstark beklagt hatten, in die Fluten des Dnepr stiegen, um dort das Sakrament der Taufe zu empfangen? Lassen sich aufgrund der schriftlichen Überlieferung die Persönlichkeit Wladimirs, sein individueller Charakter und die Beweggründe seines Handelns mit ausreichender Sicherheit rekonstruieren? Wissen wir genug über die Einflüsse, die ihn geformt haben, die persönlichen Ziele seines Strebens, seine Hoffnungen und Wünsche – über all jene Dinge also, die den eigentlichen Inhalt einer Biographie ausmachen?

Um das Problem zu verdeutlichen, sei eingangs eine scheinbar nebensächliche Frage aufgeworfen, deren Beantwortung aber an das Grundproblem der Biographie eines mittelalterlichen Herrschers heranführt: Gibt es eine zeitgenössische oder postume Darstellung Wladimirs, die uns ein einigermaßen authentisches Bild von seinem Äußeren zeigt? Die Frage hat zweifellos ihre Berechtigung, denn das Einmalige und Individuelle einer Persönlichkeit vermittelt sich nicht zuletzt durch Bilder. Zu Recht sind Biographien um so beliebter, je reicher sie illustriert sind. Die Lebensdarstellungen neuzeitlicher oder zeitgenössischer Personen sind deswegen oft mit Bildern ausgestattet, die ihren Helden vom Säuglingsalter bis zur Bahre in allen Lebenslagen zeigen. Wie steht es nun bei Wladimir? Haben wir eine Vorstellung davon, wie er ausgesehen hat?

Die bronzene Kolossalstatue auf dem Wladimirhügel, wie die gepflegte Parkanlage unweit des Zentrums von Kiew seit der Einweihung des Denkmals im Jahre 1853 heißt, ist zwar im historischen Detail getreu. Ganz im Stile des historisierenden Eklektizismus des vorigen Jahrhunderts sind das altrussische Fürstengewand, die Krone und das Schwert mittelalterlichen Darstellungen nachempfunden. Dennoch bleibt die Bronzefigur, die in ihrem demutsvollen Habitus und dem lang herabwallenden Haar an Christus gemahnt, eine reine Phantasiedarstellung, geschaffen zum Ruhme der altehrwürdigen russisch-rechtgläubigen Kirche und des damals regierenden Zarenhauses, das sich angesichts der Krisen der Gegenwart auf der Suche nach historischen Traditionen befand. Das gleiche gilt für ähnliche Darstellungen aus dem 19. Jahrhundert, wie die Gemälde in der 1896 eingeweihten Wladimir-Kathedrale zu Kiew oder das 1862 zur tausendjährigen Jubelfeier des Russischen Reichs auf dem Gelände des Nowgoroder Kremls enthüllte Denkmal, auf dessen Sockel neben anderen Gestalten der russischen Geschichte auch Fürst Wladimir zu sehen ist.

Einen größeren Aussagewert haben zweifellos die zeitgenössischen Porträts auf den zu Lebzeiten Wladimirs geschlagenen russischen Münzen. Offenbar im Zusammenhang mit der Einführung des Christentums in Rußland begann er nach 988 eigene Gold- und Silbermünzen zu prägen. Nach byzantinischem Vorbild präsentierte sich der neugetaufte russische Fürst hier als gotterwählter Herrscher neben Christus.[4] Die Rückseiten der Münzen – die Reverse, wie die Numismatiker sagen – tragen teilweise das sogenannte Sippenzeichen der Rjurikiden, ein Symbol, das die unterschiedlichsten Deutungen erfahren hat.[5] Die Vorderseite, der Avers, zeigt das Porträt des Herrschers. Wladimir trägt eine Krone mit Kreuz und sogenannten Prependulien, seitlich herabhängenden Verzierungen. In der Rechten hält er nach byzantinischem Muster einen Langstab, das Dikanikion. Auf den späteren Münzen ist der Herrscher mit einem Nimbus versehen. Neben den Herrschaftssymbolen, die eine durchdachte politisch-religiöse Programmatik offenbaren, sind auf den besser erhaltenen Exemplaren auch die Gesichtszüge des Fürsten deutlich auszumachen. Die sowjetische Numismatikerin M. P. Sotnikowa beschreibt das Münzporträt zusammenfassend: »langer hängender Schnurrbart, große, recht schwere Nase, kräftiges, energisches Kinn, furchterregend zusammengezogene Augenbrauen«.[6]

Die Frage nach der Porträthaftigkeit der Münzen Wladimirs beschäftigt die Forschung seit langem. I. I. Tolstoj nannte das Münzbild im Vorwort seines Münzkatalogs eine »einzigartige authentische Darstellung unseres ersten Fürsten«.[7] Sotnikowa sah in ihm »das älteste russische Porträt«.[8] Andere Fachleute zogen gegen diese Interpretation zu Felde und erklärten das Münzporträt für rein typologisch.[9]

Aus einer byzantinischen Chronik allerdings wissen wir, daß Wladimirs Vater, Fürst Swjatoslaw, eine den Abbildungen auf den Münzen sehr ähnliche Haar- und Barttracht trug – kahlgeschorener Schädel mit einer einzelnen Locke als Zeichen der vornehmen Abkunft an der Seite, glattrasiertem Kinn und einem lang herabhängenden Schnurrbart.[10] Die Vermutung ist also naheliegend, daß auch Wladimir diese altheidnisch-barbarische Haar- und Barttracht bevorzugte, seinen spätmittelalterlichen und neuzeitlichen Darstellungen also vollkommen unähnlich war. Zu den Münzporträts würde dies passen; ob sie aber eine Porträtähnlichkeit im modernen Sinne aufwiesen oder einen Typus darstellten, muß im dunkeln bleiben.

Da der ostkirchlichen Ikonographie die Herrscherdarstellung grundsätzlich nicht fremd ist, liegt die Vermutung nahe, daß auch der von der russisch-orthodoxen Kirche als »apostelgleich« verehrte erste christliche Fürst zum Objekt sakraler Kunstwerke wurde.

Tatsächlich gibt es ein künstlerisch bedeutendes Fresko aus dem 11. Jahrhundert, auf welchem die Mitglieder der russischen Fürstenfamilie dargestellt sind.[11] In den vierziger Jahren des vorigen Jahrhunderts legte man bei Bauarbeiten in der Kiewer Sophienkathedrale die Reste eines Freskos frei, das eine Gruppe männlicher und weiblicher Personen zeigt, die sich von zwei Seiten dem Zentrum der Komposition nähern. Große Teile des Bildes sind durch Verwitterung, mehrfache spätere Übermalung und schließlich durch den teilweisen Abriß der Wand unwiederbringlich zerstört worden. Während die weiblichen Gestalten mit weiß verhüllten Köpfen und Kerzen in den Händen auf der einen Seite der Darstellung und ihnen gegenüber die wohl gleiche Anzahl männlicher Personen relativ deutlich auszumachen sind, bleibt die Rekonstruktion der zentralen Teile der Bildkomposition weitgehend hypothetisch. Im Mittelpunkt, auf den sich von zwei Seiten die Figuren zubewegen, befand sich – so meinen die Kunsthistoriker aus vergleichbaren Darstellungen schlußfolgern zu können – der thronende Christus. Vor ihm steht in demutsvoller Haltung eine mit den Insignien der Herrschaft ausgestattete männliche Person, ein Modell der Kiewer Sophienkathedrale in den Händen, das sie dem auf dem Thron sitzenden Christus mit geneigtem Haupt darreicht. Auf der anderen Seite des Throns befand sich offenbar eine weibliche Figur mit Krone und Fürstenmantel. Man hat die Darstellung schon bald nach ihrer Entdeckung als die Familie des Großfürsten Jaroslaw des Weisen, des Sohnes und Nachfolgers Wladimirs auf dem Kiewer Thron, identifiziert. Dieser Deutung hat seitdem die Kunstwissenschaft übereinstimmend beigepflichtet. Dennoch bleiben viele Einzelheiten der

Rekonstruktion offen. Wer ist der vor dem thronenden Christus stehende Herrscher mit dem Modell der Sophienkathedrale in den Händen? Der byzantinische Kaiser? Dies wurde von älteren Kunsthistorikern behauptet und von neueren Autoren heftig in Abrede gestellt. Handelt es sich um Jaroslaw den Weisen, den Stifter der Sophienkathedrale, wofür die Mehrheit der Wissenschaftler plädiert, oder um Wladimir den Heiligen, der gemeinsam mit seiner Großmutter Olga als eine Art Vermittler zwischen Christus und den lebenden Mitgliedern der Familie fungiert? Man wird diese Fragen wohl niemals mit absoluter Sicherheit beantworten können. Ebenso wurde vermutet, daß die im Zentrum thronende Figur nicht Christus, sondern Wladimir selber sei. Für diese Theorie spräche eine Zeichnung, die im 17. Jahrhundert – also vor dem Einsturz großer Teile der Kirche – von dem holländischen Maler Abraham van Westerveldt angefertigt wurde. Diese wohl ursprünglich als Vorlage für einen Kupferstich gedachte Zeichnung ist aus einer Kopie des 18. Jahrhunderts bekannt, die erst 1904 in der Bibliothek der Petersburger Akademie der Künste entdeckt wurde. Wahrscheinlich ist dies die einzige überlieferte Darstellung des Freskos im Zustand vor der Zerstörung. Sie zeigt uns einen gekrönten Herrscher, mit Fürstenmantel, Schwert, Krone und Zepter; über dem Haupt schwebt ihm eine Aura. Seit der Entdeckung dieser Zeichnung versuchen die Kunsthistoriker durch Stilvergleiche, Analogien und Hypothesen dem Geheimnis des für immer zerstörten Freskos auf die Spur zu kommen. Welche Zuverlässigkeit besitzen die Zeichnung Westerveldts und die Kopie des 18. Jahrhunderts? Und wenn man sie für zuverlässig hält, stellen sie wirklich den mittelalterlichen Zustand dar, oder wurde das Fresko im 17. Jahrhundert übermalt und Christus durch Wladimir ersetzt?

Wie dem auch sei, die Versuche der Rekonstruktion

dieses Wandbildes erscheinen – obwohl die Kunsthistoriker mit einem anderen methodischen Instrumentarium arbeiten – wie ein Gleichnis für die Möglichkeiten und Grenzen der historischen Wissenschaft, das lebendige Bildnis eines Menschen wiederherzustellen, von dem uns nicht nur ein riesiger zeitlicher Abstand, sondern auch Denkweise, Weltsicht und Mentalität wie eine nahezu unüberbrückbare Kluft trennen.

So erinnern auch die Gestalten, die uns in den russischen Heiligenlegenden und Predigten entgegentreten, eher an mittelalterliche Ikonen als an Menschen, die in einer konkreten Welt wirklich und leibhaftig gelebt haben. Sie sind gewiß von ergreifender, überirdischer Schönheit – in ihrer weltenfernen Entrücktheit und ihrer starren, kanonisierten Typologie –, aber auch erstaunlich überindividuell und entpersönlicht.

Auch die altrussische Chronik ist aus dem Geist der christlich-mittelalterlichen Geschichtsbetrachtung geboren. Sie ordnet die russische Geschichte in den Rahmen eines weltgeschichtlichen Heilsgeschehens ein, das mit der Teilung der Welt unter die Söhne Noahs beginnt und dessen Endpunkt durch das Weltengericht vorgegeben ist. Alle dazwischenliegenden Ereignisse werden als Ausdruck des Kampfes zwischen den Mächten der Finsternis und des Lichtes gesehen. Dennoch verarbeitet der Chronist in vielfältiger, freilich nicht in jedem Detail nachvollziehbarer Weise ältere Quellen, die von ihm oft nur unvollkommen mit den Formeln und Schablonen der christlich-mittelalterlichen Weltsicht in Einklang gebracht werden. So ähnelt die Situation eines Historikers, der vor der Aufgabe steht, die Biographie eines altrussischen Herrschers zu schreiben, derjenigen des Restaurators eines nur noch in Resten vorhandenen Bildes. Wie bei dem mehrfach übertünchten und später teilweise zerstörten Fresko in der Kiewer Sophienkathedrale, dessen vollständiges Figurenensemble wir nicht kennen und dessen Vervollständigung weitgehend auf hypothetischen Überlegungen, Stilvergleichen und Analogieschlüssen beruht, gilt es, sorgsam Schicht für Schicht abzutragen, die wenigen originalen Reste sorgfältig zu konservieren und die zerstörten Stellen mit Hilfe von Hypothesen und Analogien so weit als möglich zu ergänzen. Der Versuch, das verlorene Bildnis Wladimirs des Heiligen wiederherzustellen, bleibt ein gewagtes Unterfangen.

# Kindheit und Jugend Wladimirs (bis 977)

## Der Tod bei den Dneprschnellen

Ungefähr vierhundert Kilometer südöstlich von Kiew durchbricht der Dnepr in neun Stromschnellen die südrussische Gneis-Granit-Schwelle und überwindet auf einer Strecke von etwas über sechzig Kilometern einen Höhenunterschied von dreiunddreißig Metern. Vor den modernen Flußregulierungsmaßnahmen in den zwanziger und dreißiger Jahren unseres Jahrhunderts verwandelte sich hier der bis dorthin ruhig und gemessen dahinströmende Dnepr in ein reißendes und unberechenbares Gewässer. Das Flußbett wurde schmal und flach, und das Wasser schoß in wilden Strudeln durch ein labyrinthisches Gewirr von schroff aufragenden Felsenriffen und gefährlichen Untiefen. Auf der gesamten Strecke zwischen den heutigen Städten Dnepropetrowsk und Saporoshe galt der Strom nur während des Frühjahrshochwassers von April bis Mitte Juni als schiffbar. Während der übrigen Zeit mußten die Güter und teilweise auch die Boote über Land geschleppt werden.

Hinter der letzten Stromschnelle auf dem Weg zum Schwarzen Meer, auf der Insel Chortiza gegenüber dem heutigen Saporoshe, pflegten die Schiffer nach glücklicher Überwindung der gefahrvollen Wegstrecke den Göttern ein Dankopfer darzubringen. Doch im Mittelalter waren es nicht nur die Stromschnellen und Felsenklippen, die diesen Abschnitt auf dem vielbefahrenen Handelsweg zwischen dem Ostseeraum und Byzanz so gefährlich machten. Die Steppe zu beiden Seiten des Stroms wurde von räuberischen Nomadenhorden beherrscht, denen sich hier günstige Angriffspunkte boten. An einigen Stellen war der Fluß so schmal, daß er von den Uferhöhen aus in seiner gesamten Breite unter Pfeilbeschuß genommen werden konnte. Besonders gefürchtet war die südlichste und auf dem Weg zum Schwarzen Meer letzte Stromschnelle. Die Strömung war hier auch in den Frühjahrsmonaten reißend, und die Fahrrinne zog sich in gefährlichen Windungen zwischen den Riffen hin. Zu beiden Seiten des Stroms ragten steile Felsen von über siebzig Meter Höhe fast senkrecht auf. Waren diese Uferfelsen von Feinden besetzt, gab es kaum ein Durchkommen.

Hier an den Dneprschnellen vollendete sich im Jahre 972 das Schicksal des russischen Großfürsten Swjatoslaw Igorewitsch, des Vaters von Wladimir. Die Katastrophe bei den Katarakten des Dnepr war der tragische Schlußpunkt des schrittweisen Scheiterns eines militärischen und politischen Abenteuers von wahrhaft phantastischer Dimension.

Swjatoslaw ist in die russische Geschichte eingegangen als der kriegerischste und abenteuerfreudigste unter den altrussischen Herrschern. Von frühester Kindheit an war sein Leben von Krieg und Schlachtenlärm begleitet. Er konnte kaum zu Pferde sitzen, da zog er schon mit seiner Mutter Olga gegen die Drewljanen, die seinen Vater Igor erschlagen hatten. Als sich die beiden Heerhaufen gegenüberstanden, so berichtet die Nestorchronik, wurde dem kleinen Swjatoslaw ein Speer in die Hand gedrückt;[12] denn seit dem Tode des Vaters galt er dem Namen nach als Fürst, und sein symbolischer Speerwurf sollte den Kampf eröffnen. Die Kräfte des Jungen reichten kaum aus, den schweren Speer zu halten. Das Wurfgeschoß fiel dem Pferd vor die Vorderhufe. Doch den Männern der Gefolgschaft genügte dies. Der Fürst hatte den Speer geworfen, die Feindseligkeiten konnten beginnen. Sie endeten mit einem Sieg der Kiewer Zentralmacht und mit einem grausamen Rachefeldzug gegen die Städte der Drewljanen.

»Als Fürst Swjatoslaw erwachsen und mannbar geworden war«, erzählt die Nestorchronik weiter, »fing er an, viele Krieger und Recken zusammenzubringen; er war aber auch selbst tapfer und schritt leicht dahin wie ein Panther und führte viele Kriege. Auf seinen Zügen nahm er keinen Wagen mit, auch keinen Kessel; kochte auch das Fleisch nicht, sondern schnitt Pferdefleisch oder Wildpret oder Rindfleisch in dünne Stücke, briet es auf Kohlen und aß es; auch kein Zelt hatte er, sondern die Satteldecke breitete er aus und legte den Sattel zu Häupten und bettete sein Haupt auf den Sattel. Ebenso waren alle seine Krieger.«[13]

Seine ersten Feldzüge richteten sich gegen Osten. 964 unterwarf er den ostslawischen Stamm der Wjatitischen am Oberlauf der Oka und dehnte dadurch seine Herrschaft weit nach Nordosten aus. Im folgenden Jahr zerstörte er das Chazarenreich an der Wolga. Er eroberte und brandschatzte die Hauptstadt der Chazaren, die reiche Handelsmetropole Itil an der Wolgamündung, und zog dann brennend und plündernd stromaufwärts. Er unterwarf mehrere Völkerschaften und eroberte das Reich der Wolgabulgaren.

Als der junge, ruhmbekränzte Feldherr im Jahre 967 nach Kiew zurückkehrte, erwartete ihn dort ein Gesandter des byzantinischen Kaisers, der ihm das Angebot unterbreitete, gegen beträchtliche Geldzahlungen in byzantinischem Auftrag einen Kriegszug gegen das Bulgarische Reich auf dem Balkan zu unternehmen. Im ersten Viertel des 10. Jahrhunderts stellte der aufstrebende Staat der Donaubulgaren unter dem Zaren Simeon eine dauernde und schwere Bedrohung des Byzantinischen Reiches dar. Simeon hatte es sogar gewagt, die Hand nach der oströmischen Kaiserkrone auszustrecken. Unter seinem schwachen Sohn und Nachfolger Peter verschob sich das Kräfteverhältnis zwar allmählich zugunsten der Byzantiner, aber ein selbständiger Bulgarenstaat so nahe der Reichshauptstadt Konstantinopel blieb dennoch eine permanente Gefahr.

Die Dinge komplizierten sich dadurch, daß der byzantinische Gesandte Kalokyres ein doppeltes Spiel trieb. Er versuchte, Swjatoslaw den Plan schmackhaft zu machen, nach der Vernichtung des Bulgarenreiches selber mit seinen Kriegern gegen die Kaiserstadt am Bosporus zu ziehen, den byzantinischen Kaiser zu stürzen und an dessen Stelle ihn selbst, Kalokyres, zum Herrscher auszurufen. Dafür sollte Swjatoslaw Bulgarien behalten und darüber hinaus mit unermeßlichen Reichtümern aus dem kaiserlichen Schatz entlohnt werden.

Der junge Herrscher stürzte sich, ohne lange zu zögern, an der Spitze seines Heeres in das ungewisse Abenteuer. Er wählte den gleichen Weg wie die russischen Kaufleute, die alljährlich nach Byzanz fuhren – den Dnepr flußabwärts und dann entlang der Küste des Schwarzen Meeres bis zur Donaumündung. Südlich der Donau landete er im August 968 an der bulgarischen Küste. Die Bulgaren suchten die Landung zu verhindern, konnten aber den Russen nicht widerstehen. Sie zogen sich in das feste Silistria zurück, und die russischen Truppen plünderten das wehrlose Land.

Doch die Netze der byzantinischen Diplomatie waren zu fein gesponnen für den Barbarenfürsten. Während die Russen, die geschlagenen Bulgaren vor sich hertreibend, das Land durchzogen, einigten sich die Byzantiner mit den Bulgaren. Sei es, daß ihnen die neuen Bundesgenossen zu mächtig zu werden drohten, sei es, daß man am byzantinischen Hofe Wind von den verräterischen Umtrieben des treulosen Gesandten Kalokyres bekommen hatte – man schloß über den Kopf des Russenfürsten hinweg Frieden mit den besiegten Bulgaren. Wohl nicht ganz zufällig drangen zur gleichen Zeit die räuberischen Petschenegen aus den südrussischen Steppen nach Norden vor und bedrohten Kiew. Schon der byzantinische Kaiser Konstantin VII. Porphyrogennetos hatte ja in seinem großen Werk »De administrando imperio« darauf hingewiesen, daß die byzantinische Diplomatie mit Hilfe der Steppenvölker in der Lage wäre, die nördlichen Völker, zum Beispiel die Russen oder Chazaren, in Schach zu halten.[14] Zu jener Zeit war es der Turkstamm der Petschenegen, der die Steppen südlich von Kiew beherrschte und die Rus durch räuberische Einfälle beunruhigte. Während Swjatoslaw noch damit beschäftigt war, die reichen Ebenen südlich der Donau zu plündern, erreichte ihn eine Gesandtschaft aus Kiew, die ihm unter bitteren Vorwürfen mitteilte, welches Unglück während seiner Abwesenheit über das russische Land hereingebrochen war. Der Autor der altrussischen Chronik legt den Gesandten aus Kiew folgende wohlgesetzte Rede in den Mund: »Du Fürst blickst begehrlich nach fremden Ländern, dein eigenes aber hast du preisgegeben; beinahe hätten die Petschenegen uns mitsamt deiner Mutter und deinen Kindern überwältigt. Wenn du nicht zurückkehrst und uns schützt, dann werden sie wieder über uns kommen. Hast du kein Mitleid mit deiner Heimat, deiner greisen Mutter und deinen Kindern?«[15]

Als Swjatoslaw das hörte, berichtet die Chronik, ließ er die Pferde satteln und kehrte mit seiner Gefolgschaft in das bedrohte Kiew zurück. Er »sammelte Krieger und verjagte die Petschenegen in die Steppe. Und so ward

Friede.«[16] Doch den kriegerischen Fürsten hielt es nicht lange am heimatlichen Herd. »Swjatoslaw sprach zu seiner Mutter und zu seinen Bojaren: ›Mir behagt es nicht, in Kiew zu sein, ich will in Perejaslawez an der Donau leben, das ist die Mitte meines Landes. Dort kommen alle Güter zusammen: aus Griechenland Gold, kostbare Stoffe, Wein und mannigfache Früchte; aus Böhmen und Ungarn Silber und Pferde; aus Rußland Pelzwerk und Wachs und Honig und Sklaven.‹«[17]

Bevor Swjatoslaw zum zweitenmal nach Bulgarien aufbrach, teilte er das Reich unter seinen drei Söhnen auf. Jaropolk, sein ältester Sohn, sollte in Kiew residieren. Oleg, der zweitgeborene, erhielt das Land der Drewljanen. Und Wladimir, der jüngste der Söhne, wurde als Statthalter nach Nowgorod geschickt.[18]

Im selben Jahr starb Swjatoslaws Mutter, die Großfürstin Olga, »... und ihr Sohn weinte um sie und ihre Enkel und alle Leute mit großem Wehklagen; und man trug und begrub sie an Ort und Stelle.«[19] Nachdem Swjatoslaw seine Mutter begraben und in Kiew die Nachfolgefragen geregelt hatte, zog er zum zweitenmal nach Bulgarien. Mit erstaunlicher Schnelligkeit setzte er sich mit Hilfe eines petschenegischen und eines magyarischen Hilfskorps und mit Unterstützung eines Teils der Bulgaren in den Besitz des ganzen Landes. Die bulgarische Hauptstadt Perejaslawez am Nordhang des Balkangebirges wurde erobert und die Söhne des verstorbenen Zaren, Peter, Boris und Roman, wurden gefangengenommen. Auch wenn Swjatoslaw dem äußeren Schein nach dem minderjährigen Boris die Insignien der Herrschaft überließ, lag faktisch alle Macht in seinen Händen.

Innere Wirren hielten die Byzantiner einige Zeit ab, sich energisch den Balkanangelegenheiten zuzuwenden. Erst im Jahre 971 überschritt das byzantinische Heer unter Führung des Kaisers Johannes Tzimiskes die Balkanpässe.

Nach mehreren schweren Niederlagen zogen sich die Reste der geschlagenen Russen in das befestigte Silistria an der Donau zurück. Mehrere Monate dauerte die Belagerung an. Vergeblich versuchten die Russen immer wieder, den Belagerungsring zu sprengen, der ihnen langsam, aber sicher das Leben abschnürte. Als sich Ende Juli der Hunger bis zum äußersten gesteigert hatte, gelang es Swjatoslaw, seine Krieger zu einem letzten verzweifelten Ausbruchsversuch zu bewegen. Der Ausfall mißlang, Swjatoslaw selbst wurde verwundet, die Russen zogen sich erneut hinter die Mauern der Stadt zurück. Jetzt endlich war der Stolz des russischen Fürsten so weit gebeugt, daß er sich zu Verhandlungen mit dem Sieger entschloß. Der byzantinische Kaiser ging bereitwillig auf das Verhandlungsangebot ein, und über die Friedensbedingungen war man sich schnell einig. Swjatoslaw verpflichtete sich, Bulgarien sofort zu räumen und in Zukunft keinen Angriff mehr auf Byzanz oder Bulgarien zu unternehmen. Dafür gewährleistete der Kaiser den Russen freien Abzug, lieferte den Halbverhungerten sogar Lebensmittel und setzte den byzantinisch-russischen Handelsvertrag von 944 wieder in Kraft.

Als Swjatoslaw mit seinen erschöpften und dezimierten Truppen an der Dneprmündung eintraf, wurde er vor den Petschenegen gewarnt, die an den Stromschnellen auf ihn lauerten. Swjatoslaw hatte vom byzantinischen Kaiser die Zusicherung erhalten, er würde seinen Einfluß auf die Petschenegen geltend machen, daß sie die heimkehrenden russischen Truppen nicht überfielen. Ob die Byzantiner in diesem Falle ihren Einfluß auf die ungezügelten Steppenkrieger überschätzt hatten, oder ob es gerade die für ihre Doppelzüngigkeit berüchtigte byzantinische Diplomatie gewesen war, die den Häuptlingen der Nomadenhorden einen Wink gegeben hatte, muß offenbleiben – als Swjatoslaw die Nordküste des Schwarzen

Meeres erreichte, standen die Petschenegen bereit, den Resten des geschlagenen russischen Heeres den Todesstoß zu versetzen.

Man riet Swjatoslaw, die Schiffe zurückzulassen und über Land nach Kiew zu ziehen. Er versuchte dennoch, auf der gewohnten Wasserstraße flußaufwärts die russische Hauptstadt zu erreichen. Doch bei den Dneprschnellen mußte er umkehren. Der Weg war durch die wilden berittenen Nomadenkrieger versperrt. Es blieb ihm nichts anderes übrig, als südlich der Stromschnellen bei Belobereshe den Winter abzuwarten. Seine Männer litten Hunger und Entbehrungen, sie begannen ihre Pferde zu schlachten; ein Pferdekopf galt einen halben Grivna, wie die Nestorchronik berichtet.[20] Sehnsüchtig warteten sie auf Hilfe aus Kiew. Aber der Frühling kam, und aus Kiew war noch immer keine Nachricht da. Zum zweitenmal zog Swjatoslaw stromaufwärts, und wieder erwarteten ihn die Petschenegen bei den Stromschnellen. Es kam zu einem furchtbaren Blutbad. Die entkräfteten Reste des russischen Heeres fielen der Übermacht der Steppenkrieger zum Opfer.

Nur einer kleinen Schar unter Führung des Warägerfürsten Svenald gelang es, sich nach Kiew durchzuschlagen und die Nachricht von der Katastrophe bei den Dneprschnellen zu überbringen. Swjatoslaw selbst wurde erschlagen. Die Petschenegen schlugen ihm den Kopf ab, faßten seinen Schädel in Silber und ließen ihn als Pokal beim Siegesmahl kreisen.[21]

## Kindheit in Kiew

Über die Kindheit und frühe Jugend Wladimirs wissen wir fast nichts. Dies mag auf den ersten Blick verwunderlich anmuten, gibt es doch neben der Nestorchronik, die

die politischen Ereignisse in ihrer chronologischen Abfolge schildert, eine reiche hagiographische und homiletische Überlieferung. Wir kennen mehrere Werke der altrussischen Literatur, deren Gegenstand das Lebenswerk und die heilsgeschichtliche Bedeutung des ersten christlichen Herrschers der Rus ist. Zu nennen wäre hier vor allem die berühmte Homilie »Von Gesetz und Gnade« (O zakone i blagodati) des Kiewer Metropoliten Ilarion.[22] Kernstück und Höhepunkt dieser Festpredigt, die als ein Meisterwerk symbolisch-allegorischer Bibelexegese gilt, ist eine antithetisch komponierte Apotheose Wladimirs des Heiligen. Aus den wenigen sicheren Daten, die wir über das Leben des Metropoliten Ilarion haben, läßt sich schlußfolgern, daß die Predigt zwischen 1046 und 1050, wahrscheinlich an einem 15. Juli, dem Todestag Wladimirs, in der Zehntkirche zu Kiew am Sarkophag des verstorbenen Herrschers gehalten wurde. Unter den Teilnehmern des Gottesdienstes wird sich auch Großfürst Jaroslaw der Weise, der Sohn und Nachfolger Wladimirs, befunden haben.

Man könnte also annehmen, Ilarion habe bei der Vorbereitung seiner Predigt aus reichlich fließenden Quellen geschöpft. Selbst wenn er den verstorbenen Großfürsten persönlich nicht mehr gekannt haben sollte – seit dessen Tod waren ja mindestens sechsunddreißig Jahre verflossen –, so hätte er doch in jedem Falle die Möglichkeit gehabt, auch über die Kinder- und Jugendjahre eingehende Erkundigungen einzuholen und diese in seine Predigt einzuarbeiten.

Dies ist jedoch zu modern gedacht. Es hieße, bei dem mittelalterlichen Kleriker unsere Vorstellungen von der psychischen Entwicklung des Individuums vorauszusetzen. Während sich moderne Biographien bisweilen in den subtilsten Einzelheiten der Kindheit ihres Helden ergehen und dort den Schlüssel für die Persönlichkeit suchen, existiert für den mittelalterlichen Autor einer Heiligenvita oder Herrscherbiographie dessen Kindheit praktisch nicht.

Dies hängt unmittelbar mit dem mittelalterlich-christlichen Weltbild zusammen. Nach damaliger Vorstellung verharren sowohl das Universum und die gottgegebene menschliche Gesellschaft wie auch der einzelne Mensch innerhalb dieser Ordnung in einem unveränderten, statischen Zustand. Alle Veränderungen vollziehen sich an der Oberfläche und berühren nicht das Wesen der Dinge. Auch der Mensch entwickelt sich nicht wirklich, sondern bewegt sich lediglich von einem Alter in das andere. Es gibt keine Entwicklung, die zu qualitativen Umschlägen führt, sondern nur die Aufeinanderfolge innerlich nicht miteinander verbundener Zustände.[23] Vereinfacht ausgedrückt, betrachtete man im Mittelalter das Kind als kleinen Erwachsenen. Philipp Ariés, einer der Klassiker der historischen Mentalitätsforschung, weist darauf hin, daß das Mittelalter die Kategorie der Kindheit als eines besonderen qualitativen Zustandes des Menschen nicht kannte. »Die mittelalterliche Zivilisation war eine Zivilisation der Erwachsenen.«[24] In der Heiligenvita, einem der beliebtesten Genres der mittelalterlichen Literatur, ist dies besonders augenfällig. Entweder ist der Heilige schon seit seiner Geburt von Gott auserwählt und offenbart sich nun durch verschiedene Wundertaten, oder er gerät durch einen plötzlichen und unvermittelten Akt der Erleuchtung in den Zustand der Heiligkeit. Diese Läuterung ist niemals Resultat eines psychischen Entwicklungsprozesses und auch nicht primär das Ergebnis äußerer Einwirkungen, menschlicher Erfahrungen oder gar rationaler Überlegungen, sondern kommt über den Menschen als ein Wunder Gottes. Es liegt auf der Hand, daß in einem solchen Menschen- und Weltbild die individuelle Kindheit nicht jenen exponierten Platz einnehmen konnte, den sie in den modernen Theorien von der menschlichen Persönlichkeit hat.

Wenn Ilarion im vierten Teil seiner Festhomilie – nach langer rhetorischer Einleitung – zu den Lebensumständen des gefeierten, apostelgleichen Fürsten Wladimir kommt, versiegt seine Beredsamkeit, und mit einigen lapidaren Formeln, die sich allgemeiner und nichtssagender kaum denken lassen, geht er über die Kindheit und Jugend Wladimirs hinweg. »Geboren als Ruhmreicher von Ruhmreichen, als Edler von Edlen, wuchs unser Kagan Wladimir auf, erstarkte von Kindesbeinen an, wurde Mann in Stärke, nahm zu an Kraft, schritt fort in Mannhaftigkeit und Verstand, wurde Alleinherrscher seines Landes ...«[25] Das ist alles, was wir über seine Kindheit und Jugend erfahren. Es folgt, bezogen auf die acht Jahre zwischen Herrschaftsantritt und Taufe, die Jahre zwischen 980 und 988 also, der Hinweis: »Er unterwarf sich die Länder ringsum, die einen in Frieden, die ungehorsamen aber durch das Schwert.« Dann erfolgt unvermittelt und ohne weitere Vorbereitung die göttliche Erleuchtung: »Und da er also lebte in seinen Tagen und sein Land weidete mit Gerechtigkeit, Mannhaftigkeit und Verstand, da kam auf ihn die Heimsuchung des Höchsten, da schaute auf ihn das allerbarmende Auge des gütigen Gottes, und in seinem Herzen erstrahlte die Fähigkeit, zu verstehen die Eitelkeit des Truges der Götzenverehrung und zu suchen den einen Gott, der alle Kreatur geschaffen hat...«[26]

Nicht einmal das magere Gerüst historischer Tatsachen, das wir aus der Nestorchronik kennen, wird von Ilarion eingearbeitet. Tatsachenvermittlung ist ja auch gar nicht sein Ziel. Jedes konkrete historische Faktum hätte die rhetorischen Wortkaskaden seiner Lobpreisung nur gestört.

Was Wladimirs Kindheit angeht, sind wir also gänzlich auf die spärliche Überlieferung der Nestorchronik angewiesen, die ein rundes halbes Jahrhundert später als die Predigt des Ilarion geschrieben wurde, als das Zeitalter Wladimirs längst schon Historie war. Um das Material im Zusammenhang darstellen zu können, ist es notwendig, zeitlich zurückzugreifen und noch einmal ausführlich auf die Ereignisse des Jahres 968 einzugehen.

Großfürst Swjatoslaw hatte sich im Jahr zuvor in jenes verhängnisvolle Kriegsabenteuer auf dem Balkan gestürzt, von dem oben bereits berichtet wurde. In Kiew lagen während seiner Abwesenheit die Regierungsgeschäfte in den Händen seiner Mutter Olga, die schon in den Jahren seiner Minderjährigkeit nach dem Tode ihres Mannes Igor die Regentschaft ausgeübt hatte. Diese Situation nutzen die Petschenegen, um in die Rus einzufallen. Ob sie meinten, in der Zeit der Abwesenheit Swjatoslaws und seiner Gefolgschaft sei ihnen die Rus schutzlos preisgegeben, oder ob die byzantinische Regierung im Hintergrund die Fäden gezogen hatte, muß offenbleiben. Die Nestorchronik weiß von diesen verborgenen weltpolitischen Zusammenhängen nichts. Sie überliefert uns aber einen bemerkenswert lebendigen und ausführlichen Bericht über den Petschenegeneinfall des Jahres 968. Darin werden erstmals Wladimir und seine beiden älteren Brüder, Jaropolk und Oleg, erwähnt. Im Grunde ist es das einzige Ereignis aus Wladimirs Kindheit und Jugend, von dem wir eine ausführliche Schilderung besitzen. Obwohl Wladimir und seine Brüder als Kinder noch am Rande der Ereignisse standen und obwohl der Bericht recht ungeschickt aus unterschiedlichen älteren Quellen zusammengeflickt scheint, lohnt es sich doch, hier etwas zu verweilen.

Die Macht der russischen Großfürsten endete damals nur ein bis zwei Tagereisen südlich von Kiew. Dort begann das Herrschaftsgebiet der Nomaden. Archäologen haben bei dem Flüßchen Stugna, das rund vierzig Kilometer unterhalb von Kiew in den Dnepr mündet, Befestigungsanlagen aus dem 10. Jahrhundert freigelegt, die darauf hindeuten, daß hier die Steppengrenze verlief. Dem archäologischen Befund zufolge erreichte der Wall eine Höhe von sechs bis acht Metern und eine Breite von sechzehn bis siebzehn Metern. Sofern die Wälle nicht unmittelbar dem Flußufer folgten, waren Gräben ausgehoben worden.[27] Die Verteidigungswälle hatten in den Augen der Zeitgenossen so beeindruckende Ausmaße, daß der Volksglaube ihre Entstehung den heiligen Zwillingsbrüdern Kosmas und Damian zuschrieb, die, der Sage nach, einen gewaltigen Pflug anfertigten, einen gefangenen Drachen davorspannten und so die riesige Furche durch die Steppe zogen.[28]

Im Jahre 968 waren die Befestigungsanlagen von den berittenen Nomadenkriegern offenbar ohne Schwierigkeiten überrannt worden. Die kurze Wegstrecke von den Grenzbefestigungen bis Kiew legten die Reiterhorden wahrscheinlich in weniger als einem Tag zurück. Trotzdem gelang ihnen der Überraschungsangriff, auf dem ihre militärische Schlagkraft beruhte, diesmal nicht vollkommen. Möglicherweise war man in Kiew durch Signalfeuer gewarnt worden – von den Archäologen wird eine Feuerstätte auf der Spitze eines aufgeschütteten Turmes südlich von Kiew als Bestandteil eines optischen Signalsystems gedeutet.[29] Jedenfalls hatte man in Kiew noch genügend Zeit gefunden, die Tore zu schließen und die Verteidigungsanlagen zu besetzen. »... Olga schloß sich mit ihren Enkeln Jaropolk, Oleg und Wladimir in der Stadt Kiew ein«, berichtet die Nestorchronik, »und die Petschenegen umlagerten die Stadt mit großer Macht in unzählbarer Menge.«[30]

Die auf mehreren Hügeln gelegene, durch steil abfallende Hänge und tiefe Schluchten geschützte und im 10. Jahrhundert bereits gut befestigte Hauptstadt der Rus war jedoch selbst durch zahlenmäßig überlegene militärische Kontingente nicht ohne weiteres zu erobern. Das Zentrum der Befestigungsanlagen bildete der Altkiewer Berg.[31] Hier befand sich das heidnische Hauptheiligtum mit jenen hölzernen Götzen, die zwei Jahrzehnte später auf Wladimirs Befehl in den Dnepr geworfen wurden. Hier befand sich auch der großfürstliche Hof, der steinerne Thronsaal und der Palast, dessen Grundmauern in den letzten Jahren ausgegraben worden sind.[32] Das etwa zwei Hektar große Gelände war von einer eigenen Befestigungsanlage umgeben, die aus aufgeschütteten Erdwällen, Gräben, hölzernen Palisaden und Wachtürmen bestand. In diesen inneren Befestigungsring hatte sich wahrscheinlich Olga mit ihren drei Enkelsöhnen zurückgezogen.

Von Wladimir und seinen beiden älteren Brüdern wissen wir nur, daß sie sich während der Ereignisse des Jahres 968 noch im Kindesalter befanden. Die Geburtsdaten sind durch die Chronik nicht überliefert. Wenn wir voraussetzen, daß Jaropolk damals noch keine vierzehn Jahre alt war, können wir schlußfolgern, daß Wladimir zur gleichen Zeit etwa zehn bis zwölf war. Da die Söhne verschiedene Mütter hatten, könnten die Geburtsdaten natürlich auch enger beieinander liegen. Während die beiden älteren Söhne einer legitimierten Verbindung entstammten, war Wladimir offenbar von unehelicher Geburt. Über seine Mutter wissen wir fast nichts. Dem Kompilator der altrussischen Chronik ist sie nur einen einzigen lapidaren Satz wert: »Wladimir nämlich war von der Maluscha, Olgas Schlüsselbewahrerin, Kljutschniza, die war eine Schwester von Dobrynja; ihr beider Vater aber war Malko aus Ljubetsch, und Dobrynja war Wladimirs Oheim.«[33] Das ist alles. Während der späteren Ereignisse taucht Wladimirs Mutter nicht wieder auf. Allerdings spielte sein Oheim Dobrynja eine wichtige Rolle am Kiewer Hof, auf die noch einzugehen sein wird. Ob man aus dieser Tatsache schlußfolgern kann, Maluscha und ihr Bruder Dobrynja entstammten dem autochthonen ostslawischen Stammesadel, ist fraglich. Auch der Begriff »Kljutschniza« ist sehr verschwommen. Man kann sich darunter sowohl ein höheres Hofamt als auch eine untergeordnete Stellung im großfürstlichen Palast vorstellen. Ilarion sagt in seinem Lobpreis Wladimirs zwar ausdrücklich, jener wäre von vornehmer Abkunft.[34] Sein Zeugnis wiegt jedoch gerade dort wenig, wo es ihm um eine Aufwertung Wladimirs geht. Für die Variante, Maluscha wäre eine Magd oder Dienerin am Hofe der Fürstin Olga gewesen, spricht ein anderes Quellenzeugnis: Im Jahre 980 erzählt die Nestorchronik von Wladimirs Werbung um die Polocker Fürstentochter Rogneda – auf die Episode soll weiter unten noch ausführlich eingegangen werden. Der Erzählung der Chronik zufolge gab Rogneda den Brautwerbern die hochmütige Antwort: »Einer Sklavin Sohn will ich nicht die Schuhriemen lösen.«[35] Die schroffe Ablehnung spielt auf den Hochzeitsbrauch an, demzufolge die Braut dem Bräutigam die Schuhe zu lösen hatte. Dies aber konnte und wollte die stolze Fürstentochter – folgt man der Erzählung der Chronik – bei einem so tief unter ihr Stehenden nicht tun. Angesichts der legendären Züge der gesamten Episode bedeutet aber auch diese Aussage nicht viel.

Damit ist der Bestand jener Quellenzeugnisse, die uns Auskunft über die Herkunft und Geburt Wladimirs geben, erschöpft, und der unterbrochene Faden der Erzählung kann wieder aufgenommen werden.

Wie erwähnt, hatten die Petschenegen Kiew mit großer Heeresmacht eingeschlossen, »so daß es nicht möglich war, die Stadt zu verlassen oder Nachricht zu senden; die Leute aber waren entkräftet von Hunger und Durst«.[36] Die letzte Hoffnung der Eingeschlossenen richtete sich auf einen russischen Truppenverband, der sich am anderen Flußufer befand. »Und die Leute in der Stadt begannen zu jammern und sprachen: ›Ist denn keiner, der auf jenes Ufer gelangen und ihnen sagen könnte: Wenn ihr nicht morgen an die Stadt heranzieht, müssen wir uns den Petschenegen ergeben.‹ Und ein Bursche sagte: ›Ich will hinübergehen.‹ Und sie sagten: ›Geh!‹ Der nun ging aus der Stadt mit einem Zaum und rannte durch die Petschenegen und rief: ›Hat nicht einer mein Pferd gesehen?‹, denn er verstand Petschenegisch. Und sie hielten ihn für einen der Ihren. Als er an den Fluß gekommen war, warf er die Kleider ab, stürzte sich in den Dnepr und begann zu schwimmen. Als das die Petschenegen sahen, stürmten sie auf ihn los und schossen nach ihm, vermochten ihn aber nicht zu treffen. Als man auf dem anderen Ufer das sah, fuhr man im Boot ihm entgegen, nahm ihn ins Boot und führte ihn zur Gefolgschaft. Und er sagte ihnen: ›Wenn ihr nicht morgen an die Stadt heranrückt, werden die Leute sich den Petschenegen ergeben.‹ Da sprach ihr Wojewode namens Pretitsch: ›Wir wollen morgen in Booten heranrücken, die Fürstin und die Fürstensöhne ergreifen und sie schnell auf unsere Seite bringen; wenn wir das nicht tun, wird uns Swjatoslaw umbringen.‹ Am anderen Morgen bei Tagesanbruch setzten sie sich in die Boote, begannen laut die Trompeten zu blasen, und die Leute in der Stadt erhoben ein großes Geschrei; da glaubten die Petschenegen, daß der Fürst angekommen sei, und flohen nach allen Seiten von der Stadt weg. Da ging Olga mit ihren Enkeln und den Leuten zu den Booten.«[37] Nach der Schilderung der dramatischen Rettungsaktion, die insgesamt einen realistischen und glaubwürdigen Eindruck macht, überwuchern den Bericht der Chronik die märchenhaften Züge. »Als das der Fürst der Petschenegen sah, kehrte er allein zum Wojewoden Pretitsch um und fragte: ›Wer ist da angekommen?‹ Der antwortete ihm: ›Leute vom anderen Ufer.‹ Und der Fürst der Petschenegen fragte: ›Bist du der Fürst?‹ Der antwortete: ›Ich bin sein Mann und mit der Vorhut hergekommen, aber hinter mir kommt das Heer mit dem Fürsten, eine unzählige Menge.‹ Das sagte er, um ihm zu drohen. Da sprach der Fürst der Petschenegen zu Pretitsch: ›Sei mein Freund.‹ Der erwiderte: ›So sei's.‹ Und sie reichten einander die Hände; und der Fürst der Petschenegen gab Pretitsch ein Pferd, einen Säbel und Pfeile; der gab ihm Harnisch, Schild und Schwert. Und die Petschenegen zogen von der Stadt ab…«[38]

Der bekannte dänische Slawist Adolf Stender-Petersen, der sich mit dem Einfluß der nordgermanischen Sagen auf die altrussische Chronistik beschäftigte, erklärt die gesamte Episode kurzerhand für eine typisch warägische Kriegslistenanekdote.[39] Jedoch ist der historische Kern der Erzählung nicht unglaubhaft; ob es den Russen in der Tat gelungen ist, auf so simple Weise die Petschenegen hinters Licht zu führen, sei dahingestellt. Offensichtlich mischen sich hier, wie fast überall in der Nestorchronik, Dichtung und Wahrheit in einer kaum voneinander zu trennenden Weise.

Die Chronik bietet gleich anschließend eine zweite Variante der Ereignisse, die wahrscheinlich aus einer anderen Quelle stammt. Natürlich ist die Erzählung nicht als abweichende Variante gekennzeichnet, sondern wird – ganz in der Manier mittelalterlicher Chronisten – zeitlich angeschlossen, als ob es sich um aufeinanderfolgende Ereignisse gehandelt hätte: Die Kiewer schickten eine Gesandtschaft nach Bulgarien, berichtet die Chronik, die dem Fürsten ins Gewissen redete. Er begehre fremde Länder, sein eigenes aber gebe er den raubgierigen Petschenegen preis.[40] Als Swjatoslaw dies hörte, kehrte er mit seiner Gefolgschaft nach Kiew zurück, »küßte seine Mutter und die Kinder und trauerte über das, was die Petschenegen getan hatten. Und er sammelte Krieger und verjagte die Petschenegen in die Steppe. Und so ward Frieden.«[41]

Bei aller Unsicherheit der Überlieferung steht fest, daß es sich bei dem Petschenegeneinfall des Jahres 968 um die früheste greifbare Begebenheit aus Wladimirs Kindheit handelt. Obwohl er selbst nur am Rande erwähnt wird, läßt sich doch eine Vorstellung von den Umständen gewinnen, unter denen er groß geworden ist. Kriegsgeschrei und Schlachtengetümmel warfen ihre Schatten auf die Kindheit des russischen Fürstensohnes. Seinen Vater, der sich ständig auf Eroberungszügen befand, hat er kaum gekannt. Als jener im Kampf den Tod fand, war der Sohn gerade dem Kindesalter entwachsen. Doch längst schon war der damals Vierzehn- bis Sechzehnjährige in den Kreis der erwachsenen Männer getreten, mit anderen Worten, er war zum Krieger und – seiner Herkunft entsprechend – zum Gefolgschaftsführer aufgestiegen.

Ob der Sohn des Großfürsten in seiner Kindheit mehr gelernt hat, als das Schwert zu führen, ein Drachenboot zu steuern und mit Pfeil und Bogen umzugehen, wissen wir nicht. Sicher ist, daß der kleine Wladimir und seine Brüder weder das Alphabet noch das Einmaleins zu lernen brauchten. Dies gehörte bis zur Christianisierung nicht zu den standesgemäßen Fertigkeiten, die von dem Sprößling einer Herrschersippe erwartet wurden. Nach der Einführung des Christentums war es dem Bericht der Nestorchronik zufolge eine der ersten Maßnahmen Wladimirs, Schulen einzurichten und den Söhnen der Adelsfamilien deren Besuch zu befehlen. »Die Mütter aber dieser Kinder … waren noch nicht im Glauben befestigt, und sie beweinten sie wie Tote«, fügt der Chronist hinzu.[42] Wladimirs Mutter blieb solcher Schmerz erspart. Dennoch darf man sicher sein, daß das Leben und Treiben der großfürstlichen Residenzstadt und Handelsmetropole Kiew einem Heranwachsenden Anregungen und Erfahrungen bot, die einen regulären Schulbesuch mehr als wettmachten. Der byzantinische Kaiser Konstantin VII. Porphyrogennetos hat in seinem Buch »De administrando imperio« einen ausführlichen und anschaulichen Bericht über den russischen Dneprhandel hinterlassen.[43] Alljährlich versammelten sich, dieser Quelle zufolge, in Kiew die Kaufleute, um hier ihre Boote für die Fahrt nach Konstantinopel vorzubereiten und das Frühjahrshochwasser abzuwarten. Hier strömten auch die Waren zusammen, welche die fürstliche Gefolgschaft in allen Landesteilen und bei den abhängigen Völkern eingetrieben hatte: Pelze vom Biber, Zobel, Hermelin, Schneefuchs, Marder, Hase und Eichhörnchen, Honig, Wachs, Leinwand, Bernstein und nicht zuletzt Sklaven und Sklavinnen gehörten im 10. Jahrhundert zu den Exportartikeln.[44] Wenn die Kaufmannsgesellschaften und ihre bewaffneten Begleitmannschaften im Herbst zurückkehrten, waren ihre kleinen, aber seetüchtigen Boote gefüllt mit den Luxusgütern des Orients. Südländischer Atlas und Brokat, purpurfarbene Stoffe und Saffianschuhe aus den byzantinischen Werkstätten, griechischer Wein, Gold- und Silbermünzen aus der Kaiserstadt, orientalische Früchte und Gewürze, kunstvolle Geschmeide byzantinischer Juweliere, fein gearbeitete Becher, Schalen und Schüsseln aus den Werkstätten der Goldschmiede lagerten in den Vorratskammern und Schatztruhen des großfürstlichen Palastes in Kiew. Am beliebtesten aber waren die bunten und golddurchwirkten Seidengewebe, die in den altrussischen Quellen unter dem Sammelbegriff »Pavoloki« zusammengefaßt werden. Es gibt kaum eine Stelle, wo vom Handel mit Byzanz die Rede ist, an welcher nicht auch jener »Pavoloki« gedacht wird, die sogar als Zahlungsmittel und Wertmesser dienten. In einem der Handelsverträge mit den Byzantinern wird der Wert einer Sklavin in Pavoloki angegeben. »Zwei Pavoloki für eine Sklavin«, heißt es dort.[45] Seidenstoffe machten sich die Fürsten gegenseitig als besondere Kostbarkeit zum Geschenk und bewahrten sie in den Schatzkammern neben Gold und Silber auf.

Aber nicht nur als Durchgangsstation auf dem Weg nach Byzanz spielte Kiew eine bedeutende Rolle. Jüdische Händler aus Speyer, Mainz, Regensburg und Köln reisten über Krakau und Prag nach Kiew, um dort die begehrten Zobelpelze und andere Waren zu erstehen. Sie trafen hier Glaubensgenossen aus dem Chazarenreich, muselmanische Wolgabulgaren und Araber, Perser, lateinische und griechische Christen, Angehörige der finnischen Völkerschaften, die damals weite Gebiete des heutigen Rußlands bevölkerten, und Händler aus den Gebieten der turksprachigen Steppenvölker, die Handelskontakte zur Rus pflegten.

Man kann sich bei einiger Phantasie vorstellen, daß Wladimir während seiner Kindheit in Kiew die Sprachen, Religionen, Sitten und Gebräuche der verschiedenen Völker kennenlernte. Es läßt sich auch denken, daß die skandinavischen Handelsleute, wenn sie in Kiew auf die Schneeschmelze warteten und als Gäste am Fürstenhof weilten, dort von Reiseabenteuern und fremden Ländern erzählten, von der Kaiserstadt »Miklagardr«, wie Konstantinopel in der altnordischen Literatur heißt, vom Nordlicht, der langen Polarnacht oder vom ewigen Eis – dem geronnenen Meer, von dem damals schon zu den mittelländischen Geographen Kunde gedrungen war. Ein großer Teil der mittelalterlichen, auch der hochentwikkelten arabischen Geographie beruhte auf Reiseberichten von Kaufleuten. Und nicht immer wußten die gelehrten Kosmographen zuverlässige Nachrichten von phantastischen Fabeln zu trennen. So hörte man in Kiew sicher auch von jenen hundsköpfigen Menschen, von denen Adam von Bremen unter Berufung auf zuverlässige Gewährsleute berichtete, von kriegerischen Weibern, die keine Männer unter sich duldeten und vom Genuß des Wassers schwanger wurden, von einäugigen Zyklopen, von einbeinigen, grünen und blauen Menschen.[46] Man kann sich auch vorstellen, daß die fremden Kaufleute nachts am Lagerfeuer die Märchen, Sagen und Legenden ihrer Völker erzählten. Wir bewegen uns natürlich mit all diesen Vermutungen im Grenzbereich von Phantasie und gesicherter Überlieferung. Gewiß aber und gleichzeitig von Wichtigkeit für den weiteren Gang der Ereignisse dürfte sein, daß Wladimir die drei monotheistischen Weltreligionen – das Judentum, den Islam und das Christentum – wenigstens vom äußeren Erscheinungsbild der Gebräuche und Rituale her kannte. Darüber hinaus wissen wir, daß seine Großmutter Olga getaufte Christin war und es in Kiew in der zweiten Hälfte des 10. Jahrhunderts eine christliche Kirche gab. Mit Sicherheit hat es unter den in Kiew lebenden Russen Christen gegeben; in den Verträgen zwischen Byzantinern und Russen wird ausdrücklich vermerkt, daß die einen den heidnischen Perun, die anderen den Christengott anriefen, um den Vertrag zu beeiden.[47] Wir wissen auch von der Reise eines deutschen Missionsbischofs nach Kiew, der sich auf Olgas Bitte hin auf den Weg nach Rußland gemacht hatte.[48] Von 961 bis 962 – also in den Jahren von Wladimirs früher Kindheit – weilte Adalbert aus dem Kloster St. Maximin zu Trier, der später der erste Erzbischof von Magdeburg wurde, in Kiew und versuchte vergeblich, die Russen zum Christentum zu bekehren.[49]

Welchen Einfluß die einzelnen Facetten einer hier nur kurz skizzierten geistigen Umwelt auf den heranwachsenden Wladimir tatsächlich hatten, läßt sich natürlich nicht feststellen. Immerhin aber ist ein Spektrum von Möglichkeiten abgesteckt, deren jede sich historisch verifizieren läßt.

## Fürst von Nowgorod

Wir erinnern uns, daß Swjatoslaw, ehe er 970 Kiew verließ, um erneut nach Bulgarien zu ziehen, sein Reich unter seinen drei Söhnen teilte.[50] Wir begegnen hier zum erstenmal einer Rechtspraxis, die noch eine verhängnisvolle Rolle in der russischen Geschichte spielen sollte. Die Teilung des Landes unter die Söhne des Herrschers sollte später zur Regel werden und immer wieder zu mörderischen Bruderkriegen führen. Jaroslaw der Weise versuchte in einer Art politischen Testaments eine dauerhafte Nachfolgeordnung einzuführen, um den ungeregelten Machtkämpfen der Fürstensöhne um das väterliche Erbe ein Ende zu setzen. Die Brüder sollten untereinander Frieden halten, und der Älteste sollte verpflichtet sein, über diesen Frieden zu wachen. Alle Versuche, die Erbfolge auf dem Kiewer Großfürstenthron in ein geregeltes System zu bringen, waren jedoch zum Scheitern verurteilt, und alle Appelle zur Eintracht an die russischen Fürsten verhallten ungehört, so daß das Land im 13. Jahrhundert schließlich wehrlos dem Einfall der Mongolenhorden ausgeliefert war.

Schon bei der ersten Teilung des Landes trat ein Moment hervor, daß bei allen späteren Teilungen beibehalten wurde und auch in der komplizierten Konstruktion Jaroslaws eine zentrale Rolle spielte. Der älteste Sohn, in diesem Falle Jaropolk, erhielt Kiew, die »Mutter der russischen Städte«, und damit einen gewissen Ehrenvorrang gegenüber den anderen Söhnen sowie das Vorrecht auf die Großfürstenwürde.

Der zweite Sohn Swjatoslaws, Oleg, erhielt das Gebiet der Drewljanen, deren autonomes Stammesfürstentum erst von ihm beseitigt wurde. Offenbar war in der damaligen Phase der Konsolidierung eines zentralisierten Staatswesens noch die ursprüngliche slawische Stammesgliederung maßgebend. Aus den Angaben der Chronik wird man schließen dürfen, daß im 10. Jahrhundert die Verhältnisse im Übergang begriffen waren. Im Zentrum der staatlichen Macht, in Kiew, hatte der frühere Stammesverband der Poljanen bereits an Bedeutung verloren. Bei den nördlich angrenzenden Drewljanen dagegen war die Stammesverfassung noch herrschend. Wohl gab es auch dort städtische Siedlungen, Oleg aber erhielt nicht eine Stadt mit angrenzenden Territorien, sondern ein Stammesgebiet als Teilfürstentum zugewiesen.

Nachdem Swjatoslaw das Land unter seinen beiden ehelichen Söhnen geteilt hatte, trafen am Kiewer Hof, wie die Nestorchronik erzählt, Gesandte aus Nowgorod ein.[51] Diese erklärten sehr selbstbewußt, sie würden sich woanders einen Fürsten suchen, wenn ihnen Swjatoslaw niemanden aus seiner Familie schickte. Swjatoslaw geriet offenbar in arge Verlegenheit und meinte bedauernd, er würde ihnen gern jemanden schicken, »... wenn nur einer zu euch gehen wollte«.[52] Anscheinend weigerten sich sowohl Jaropolk als auch Oleg, in das ferne Nowgorod zu ziehen. Selbst Oleg saß lieber in einem kleinen Nest im Drewljanenland, aber nahe dem Zentrum der Macht, als in der nördlichen Handelsmetropole am Ilmensee. Da gab ein gewisser Dobrynja den Nowgoroder Gesandten den Wink, sie möchten den Großfürsten um dessen unehelichen Sohn Wladimir bitten. »Und die Nowgoroder sprachen zu Swjatoslaw: ›Gib uns Wladimir.‹ Der sagte zu ihnen: ›Da habt ihr ihn.‹ Und die Nowgoroder nahmen Wladimir zu sich.«[53]

So waren alle Seiten zufriedengestellt: Die Nowgoroder hatten einen Sproß der Kiewer Herrscherfamilie zum Fürsten; Dobrynja hatte seinen Neffen vorteilhaft untergebracht; und Swjatoslaw hatte zu Hause alle Nachfolgerfragen geregelt und konnte sich nun unbesorgt in neue Kriegsabenteuer stürzen.

Im Jahre 970 also verließ Wladimir im Alter von etwa vierzehn Jahren seine Vaterstadt, um in Nowgorod als Teilfürst und Statthalter des Kiewer Großfürsten zu herrschen. Der junge Fürstensohn und seine Begleiter mußten einen Weg von rund tausend Kilometern zurücklegen, bevor sie das Ziel ihrer Reise erreichten. Getrieben von Ruderern – oder bei günstigem Wind von Rahsegeln –, zog die kleine Flottille den schmaler werdenden Dnepr stromaufwärts nach Norden. Sie ließen Wyschgorod und Ljubetsch, die damals schon als feste Punkte genannt werden, hinter sich und durchquerten die Stammesgebiete der ostslawischen Radimitschen und Dregowitschen, die sich in einem Tributverhältnis zu Kiew befanden. Allmählich ging an den Ufern die Waldsteppe in dichte Laubwälder über. Am Oberlauf des Dnepr, in der Gegend von Smolensk, bog man in einen der weiter nach Norden führenden Nebenflüsse ein. Inmitten der weiten nordrussischen Ebene bilden hier die Waldaihöhen eine wichtige Wasserscheide. In dieser waldigen Hügellandschaft, deren höchste Erhebung nur 321 Meter erreicht, entspringen vier der großen russischen Stromsysteme. Hier liegen die Quellen der nach Südosten fließenden und ins Kaspische Meer mündenden Wolga, des nach Süden ins Schwarze Meer fließenden Dnepr, der zur Ostsee fließenden westlichen Dwina oder Düna und der den Ilmensee speisenden Flüsse, die über den Wolchow weiter in den Ladogasee und von dort in den Finnischen Meerbusen strömen. Die Tatsache, daß die Quellgebiete und Oberläufe der vier Stromsysteme so dicht beieinander liegen, ist von großer Bedeutung für die russische Geschichte gewesen. Zwischen den nördlichen Nebenflüssen des Dnepr und der Wolga und der Düna liegen an einigen Stellen nur wenige Kilometer Land, die man mitsamt den Booten und den mitgeführten Handelsgütern schon in frühgeschichtlicher Zeit zu überqueren wußte. Die Düna stromabwärts erreichte man dann bei dem heutigen Riga die Ostsee, oder man überquerte noch einmal eine der Schleppstellen und kam so in den Ilmensee und von dort über Wolchow, Ladogasee und Newa zur Ostsee. So wurde das osteuropäische Stromsystem schon in der Bronzezeit zum Transitweg des internationalen Fernhandels.

Wir können mit Sicherheit annehmen, daß auch Wladimir und seine Begleiter diesem alten Handelsweg folgten. Nachdem man den Oberlauf eines der nördlichen Nebenflüsse des Dnepr erreicht hatte, schleppte man an einer dafür vorgesehenen Stelle die Boote über Land und gelangte so in das Flußsystem der Düna. Aus einem Vertrag zwischen Smolensk und den Deutschen ist uns bekannt, wie der Schleppverkehr in späterer Zeit organisiert war: Bei den Schleppstellen lagen besondere Ansiedlungen von Leuten, deren Aufgabe es war, unter Anleitung eines fürstlichen Verwalters Schleppdienste zu leisten.[54] Der Vertrag verpflichtete die Verantwortlichen, Maßnahmen zur Verhütung von Raubüberfällen zu treffen, außerdem Räder, Kufen oder Walzen bereitzustellen und die Kaufleute mit ihren Waren zu befördern. Wenn durch Schuld eines Schleppers Waren verdarben, so haftete die ganze Gemeinschaft der Schlepperleute für den Schaden. Der fremde Kaufmann seinerseits war verpflichtet, den Leuten Fausthandschuhe zu liefern, damit die Beförderung der Waren ohne Aufenthalt vonstatten gehen konnte. Trafen Kaufleute aus beiden Richtungen aufeinander, so entschied das Los, wessen Boote zuerst geschleppt werden sollten. Zur Überquerung kleiner Schleppstellen führte man Räder, Rollen oder Kufen mit sich. Möglicherweise waren auch an den Bootsrümpfen Kufen angebracht.

Wir wissen natürlich nicht, ob im 10. Jahrhundert der Schleppverkehr bereits so gut organisiert war. Die reichen archäologischen Funde an den Schleppstellen bezeugen aber mit Sicherheit, daß die Handelsroute in dieser Zeit schon stark benutzt wurde. Die Gräberfelder bei Gnesdowo, einige Kilometer westlich von Smolensk, gehören zu den ergiebigsten Fundstellen überhaupt, wenn es um archäologische Zeugnisse des internationalen Fernhandels im 9. und 10. Jahrhundert geht.[55] Töpferware aus dem Odergebiet, skandinavische Schwerter, byzantinische Goldmünzen und große Mengen arabischer Dirhems hat man hier ausgegraben.[56] Offenbar war es üblich, daß bei Gnesdowo einige Tage haltgemacht wurde. Man reparierte die Schiffe und nahm Proviant auf; sicherlich wurden auch Waren gekauft und verkauft. Von Gnesdowo aus erreichte man über einen Bootsschlepp die Kasplja, einen kleinen Nebenfluß der Düna. Von dort fuhr man in einen der nördlichen Nebenflüsse der Düna ein und gelangte über eine zweite Schleppstelle zum Unterlauf des Lowat. Nach weiteren fünf bis sechs Tagereisen lag vor den Reisenden die Wasserfläche des Ilmensees. Bei günstigem Wind und gutem Wetter konnte man den See, der bei Stürmen als gefährlich galt, an einem Tag überqueren. Nun war Nowgorod, das Ziel der Reise, fast erreicht. Die Stadt lag etwa vier Kilometer nördlich des Ilmensees am Wolchow auf einigen niedrigen Hügeln, die sich beiderseits des Flusses hinzogen und von Sümpfen umgeben waren.

Wie lange die Reise von Kiew nach Nowgorod gedauert hat, läßt sich nur ungefähr sagen. Aus verschiedenen Zeitangaben mittelalterlicher Autoren über die Reisedauer zu Schiff kann man von einem Tagesdurchschnitt von etwa vierzig bis sechzig Kilometern ausgehen. Ungefähr in diesen Abständen finden sich auch Reste von Landeplätzen, an denen man bei Unwetter Schutz suchen, Verpflegung kaufen und notwendige Reparaturen durchführen konnte. Die Nowgoroder Gesandten mit ihrem neuen Fürsten und dessen Onkel Dobrynja werden also –

sofern es keine größeren Unterbrechungen gegeben hat – ungefähr drei Wochen von Kiew bis nach Nowgorod unterwegs gewesen sein.[57]

Sieben Jahre herrschte Wladimir als Teilfürst von Nowgorod. Die schriftlichen Quellen, die uns über die Nowgoroder Zeit des späteren Großfürsten unterrichten, sind jedoch spärlich. Die oben zitierte Erzählung über seine Berufung durch die Nowgoroder Gesandten berichtet uns über den Beginn seiner Tätigkeit im Jahre 970; dann folgt sieben Jahre später die trockene annalistische Notiz über das unfreiwillige Ende seiner Herrschaft, das uns noch beschäftigen wird. In der Zwischenzeit liegen Nowgorod und sein jugendlicher Teilfürst gänzlich außerhalb des Horizonts des Chronikberichtes. Die Nestorchronik beschränkt sich für diese Zeit ausschließlich auf die Ereignisse im Süden der Rus.

Auch die »Erste Nowgoroder Chronik« reicht nicht bis in die Jahre von Wladimirs Statthalterschaft zurück, sondern setzt erst mit dem Jahr 1016 ein.[58]

Wollen wir uns eine Vorstellung von den Lebensumständen und dem Wirkungskreis Wladimirs in jenen sieben Jahren machen, so sind wir wiederum auf hypothetische Hilfskonstruktionen angewiesen. Immerhin ist über Nowgorod, dessen Anfänge im 10. Jahrhundert archäologisch greifbar sind, einiges bekannt.

Die Handelsmetropole am Ilmensee spielte in der russischen Geschichte eine bemerkenswerte und einzigartige Rolle. Innerhalb Rußlands ließe sich ihr nur ihre kleinere Rivalin Pskow zur Seite stellen, die aber bei weitem nicht Nowgorods Macht und Größe erreichte. Sucht man eine treffende historische Parallele, so könnte man die nordrussische Bojarenrepublik eher mit den deutschen Hansestädten vergleichen, zu denen sie über Jahrhunderte hinweg enge wirtschaftliche und politische Kontakte unterhielt. Vielleicht ließen sich sogar Gemeinsamkeiten mit den reichen und mächtigen italienischen Handelsrepubliken des Spätmittelalters finden. Ohne einen solchen Vergleich zu weit treiben zu wollen, kann man sagen, daß sowohl die westeuropäischen Stadtstaaten als auch Nowgorod ihren Reichtum und ihre politische Macht zu einem guten Teil dem Fernhandel verdankten. Der Zentralgewalt waren sie nur nominell unterworfen, praktisch waren sie oft mächtiger als jene. Teilweise herrschten sie in der Weise großer Feudalherren über gewaltige Ländereien. Nowgorod gebot in seiner Blütezeit über ein Riesenreich, das bis zum Weißen Meer und zum Ural reichte.

Durch die Gunst des Schicksals blieb Nowgorod vor der Mongoleninvasion Mitte des 13. Jahrhunderts bewahrt. Auch die Eroberungsgelüste der Schweden und der Ordensritter konnten erfolgreich zurückgewiesen werden. Dennoch begann Nowgorods Stern zu sinken, als Moskau langsam, aber beharrlich anfing, die russischen Länder um sich zu sammeln. Im Jahre 1478 war das Schicksal des einstmals so stolzen Reiches der heiligen Sophia besiegelt. Die Stadt unterwarf sich dem Diktat des Moskauer Zaren Iwan III. Obwohl weiter ein Erzbischof in Nowgorod residierte und die Stadt später Gouvernementshauptstadt wurde, erinnerten in den späteren Jahrhunderten nur noch die monumentalen Sakralbauten und Festungswerke an die ruhmreiche Vergangenheit.

Als Wladimir im Jahre 970 an die Spitze der Nowgoroder Regierung gestellt wurde, hatte der glanzvolle Aufstieg des Gemeinwesens am Wolchow freilich gerade erst begonnen. Wenn uns auch die schriftlichen Quellen zur Nowgoroder Geschichte des 10. Jahrhunderts im Stich lassen, so liefern uns dafür die archäologischen Grabungen, die in kaum einer anderen russischen Stadt mit solcher Intensität betrieben wurden, genug Material, um ihr Leben im Mittelalter rekonstruieren zu können.[59] Eine sechs bis zehn Meter starke Kulturschicht, die mit dem 10. Jahrhundert einsetzt, enthält reiche Zeugnisse der Vergangenheit. In den Schichten des 10. Jahrhunderts sind Holz, Knochen, Gewebe, Birkenrinde und andere organische Substanzen gut erhalten. Dies macht die Kulturschicht von Nowgorod zu einer einzigartigen Fundgrube für die Kenntnisse vom Leben in der Alten Rus.

Für die chronologische Datierung ist den Archäologen ein seltener Umstand zu Hilfe gekommen. In Nowgorod wurden seit dem 10. Jahrhundert Balken als Straßenpflaster benutzt. Bei ausreichender Abnutzung einer Balkenlage wurden über die alten Bohlen, ohne diese herauszunehmen, einfach neue gelegt. So sind von der Mitte des 10. Jahrhunderts bis zum 15. Jahrhundert in der Kulturschicht von Nowgorod insgesamt 28 sogenannte »Straßenpflasterhorizonte« entstanden. Die Archäologen vermuten, daß die Lebensdauer eines Straßenbelags etwa zwanzig Jahre betrug. Diesen so gewonnenen Horizonten können alle anderen Funde zugeordnet werden. Darüber hinaus können aus den Jahresringen der verwendeten Balken die Funde einander zugeordnet und somit datiert werden.

Die Grabungen ergeben für die Frühzeit folgendes Bild: Die Stadt zu beiden Seiten des Wolchow bestand aus mehreren hundert einzelnen, eingezäunten Gehöften, die mit jeweils einer Seite an die Straße grenzten. Jeder dieser Höfe stellte eine selbständige Wirtschaftseinheit dar, mit Herrenhaus, Wirtschaftsgebäuden, Ställen und Werkstätten. Die geräumigen Holzhäuser waren aus Balken errichtet und zum größten Teil zweistöckig. Verzierte Fensterbrüstungen und Einfassungen schmückten die Fassaden.

Die Anlage der Stadt war in der Grundstruktur die gleiche wie in späteren Jahrhunderten. Ein großer Ring von Außenbefestigungen umfaßte gleichermaßen beide Uferzonen des Wolchow. Der breite Fluß mit einer Vielzahl von Anlegestellen durchschnitt die Stadt von Süden nach Norden. Im Zentrum der »Sophienseite«, des linken Ufers, lag die Festung, der spätere Kreml, der im Jahre 1044 Steinmauern erhielt. Am rechten Flußufer, gegenüber der Festung, lag die »Handelsseite«. Später fanden hier auch die Volksversammlungen statt. In der Nähe des Marktes lagen die Höfe der fremden Kaufleute, die im Leben der mittelalterlichen Handelsstadt eine große Rolle spielten. Wo sich die Residenz des Fürsten befand, wissen wir nicht, ebensowenig über die staatsrechtliche Stellung des großfürstlichen Statthalters im 10. Jahrhundert. Schriftliche Quellen, die uns hierüber Auskunft geben könnten, besitzen wir für die Frühzeit nicht. Wenn wir von der legendären Überlieferung absehen, der sagenumwobene Rjurik sei der Gründer von Nowgorod gewesen,[60] so ist die Einsetzung von Wladimir die erste historisch glaubwürdig überlieferte Nachricht aus der Geschichte Nowgorods.

Zweifellos verfolgte Swjatoslaw die Absicht, durch die Einsetzung seines Sohnes als Fürsten in Nowgorod die am Kreuzungspunkt wichtiger Handelswege gelegene Stadt eng an Kiew zu binden. Die dynastische Verklammerung der beiden Pole der Dnepr-Wolchow-Achse schien ein sicheres Rückgrat für das Herrschaftsgebiet der Rus zu bilden, wobei die Durchgangsstationen des Fernhandels – zumal die Brücke nach Skandinavien – keine unwichtige Rolle spielten. Unter den späteren Kiewer Großfürsten wurde dieses Bestreben noch deutlicher. Sowohl Wladimir selbst als auch dessen Sohn Jaroslaw setzten jeweils ihre ältesten Söhne als Teilfürsten in Nowgorod ein. Auch die Rolle, die Nowgorod bei den künftigen Nachfolgekämpfen spielte, ist bezeichnend. Sowohl Wladimir als auch seinem Sohn Jaroslaw gelang von Nowgorod aus der Sprung auf den Kiewer Thron.

Es soll jedoch nicht vorgegriffen werden. Zwei Jahre herrschte Wladimir bereits in Nowgorod, als ihn 972 die Nachricht vom Tode seines Vaters erreichte. Doch sollten noch fünf weitere Jahre vergehen, bis die Nachfolgekämpfe zwischen Wladimirs Brüdern Jaropolk und Oleg entschieden waren. Auch über Wladimirs künftiges Schicksal fiel die Entscheidung im Süden der Rus. Wir verlassen deshalb das im Norden gelegene Nowgorod und wenden uns den Ereignissen in Kiew zu.

# Der Kampf um die Macht (977–980)

## Bruderkrieg

Aus dem blutigen Gemetzel bei den Stromschnellen des Dnepr, bei dem Großfürst Swjatoslaw im Frühjahr 972 den Tod fand, konnten sich nur einige wenige russische Krieger retten. Wahrscheinlich auf dem Landweg schlug sich eine kleine Schar unter Führung des Wojewoden Svenald nach Kiew durch, um hier die Nachricht von der militärischen Katastrophe zu überbringen. Vorläufig änderten sich die Machtverhältnisse nach dem Tode Swjatoslaws jedoch nicht. Jaropolk, der bisher im Namen seines Vaters die Regierungsgeschäfte wahrgenommen hatte, begann nun als Großfürst von Kiew zu herrschen, Oleg übte über das Stammesgebiet der nördlich von Kiew lebenden Drewljanen die Herrschaft aus; und Wladimir regierte im fernen Nowgorod. Die vom Vater festgelegte Teilung des Landes wurde zunächst von allen Seiten respektiert. Die Chronik unterrichtet uns über die eingetretenen, mehr nominellen Änderungen mit einem einzigen Satz: »Jaropolk begann zu regieren«, heißt es dort unter dem Jahr 973.[61] Weitere Angaben enthält die Chronik nicht für dieses Jahr. Es folgt sub anno 974 ein sogenanntes »leeres Jahr«, d. h. die Handschriften der Chronik enthalten nur die Jahresangabe und keine weitere Eintragung. Doch schon im dritten Jahr nach dem Tode des Vaters brach der Konflikt zwischen den Brüdern offen aus.

Den Anlaß hierfür bot ein nichtiger Vorfall. Der Sohn jenes Svenald, der drei Jahre zuvor die Nachricht vom Tode des Großfürsten nach Kiew gebracht hatte und nun am Hofe Jaropolks offensichtlich eine wichtige Stellung einnahm, begab sich zur Jagd, um in den Wäldern bei Kiew »wildes Getier zu verfolgen«[62]. Dabei geriet der junge Mann in das Gebiet Olegs – ob absichtlich oder versehentlich, sei dahingestellt. Unglücklicherweise befand sich Oleg zur gleichen Zeit in jenem Revier auf der Jagd. Als die beiden Jagdgesellschaften aufeinandertrafen, »sah ihn Oleg und fragte: ›Wer ist das?‹ Und man antwortete ihm: ›Svenalds Sohn.‹ Er ritt hin und erschlug ihn.«[63]

Ob sich die Geschichte tatsächlich so zugetragen hat oder ob sie nachträglich erfunden wurde, um das Geschehene zu rechtfertigen, entzieht sich jeder Nachprüfung – wir besitzen kein anderes Quellenzeugnis über jene Ereignisse. Doch wahrscheinlich hätte es des blutigen Zwischenfalls gar nicht bedurft, um den schwelenden Konflikt zwischen Jaropolk und Oleg zum Ausbruch zu bringen. Es ist jedenfalls schwer zu glauben, daß der Tod eines jungen Kriegers aus der fürstlichen Gefolgschaft zum offenen Krieg zwischen den Brüdern geführt hätte, wäre nicht ein tiefgreifender Gegensatz schon vorhanden gewesen. Die Nestorchronik schiebt dem Vater des Ermordeten einen Teil der Schuld an dem Bruderkrieg zu: »... und immer wieder sprach Svenald zu Jaropolk: ›Zieh wider deinen Bruder und nimm sein Gebiet‹ – denn er wollte seinen Sohn rächen.«[64] Man könnte dies als Andeutung verstehen, daß es sich bei dem folgenden Machtkampf eher um eine Auseinandersetzung zwischen den führenden Bojarengeschlechtern gehandelt habe als um einen reinen Familienzwist. Wie dem auch sei, die Nestorchronik fügt sub anno 976 ein weiteres »leeres Jahr« ein und gibt dann unter dem Jahr 977 eine ausführliche Schilderung des Bruderkrieges.

»Jaropolk zog gegen seinen Bruder Oleg in das Land der Drewljanen und zog gegen ihn heraus; und sie rüsteten sich zum Kampf; und da die beiden Heerhaufen zusammentrafen, besiegte Jaropolk Oleg. Oleg floh mit seinen Kriegern in die Stadt, die Wrutschij heißt, und eine Brücke führte über den Graben zum Stadttor; da drängte man sich und stieß einander in den Graben, und Oleg stieß man von der Brücke in die Schlucht hinab, und viele Leute fielen hinab, und Pferde und Menschen erdrückten ihn. Und Jaropolk zog in die Stadt Olegs und übernahm die Herrschaft. Und sandte, seinen Bruder zu suchen, und die ihn suchten, fanden ihn nicht. Da sprach ein Drewljane: ›Ich sah gestern, wie man ihn von der Brücke stieß.‹ Da sandte Jaropolk, den Bruder zu suchen; und man schleppte die Leichen aus dem Graben vom Morgen bis zum Mittag, und man fand Oleg tief unten unter den Leichen. Man trug ihn hinaus und legte ihn auf einen Teppich. Und Jaropolk kam und weinte über ihn und sprach zu Svenald: ›Siehe, das hast du gewollt.‹ Und man begrub Oleg an der Stelle bei der Stadt Wrutschij; und sein Grabhügel ist bei Wrutschij bis auf diesen Tag. Jaropolk aber übernahm seine Herrschaft.«[65] Der erste der drei Brüder hatte also einen gewaltsamen Tod im Bruderkrieg gefunden. Aber noch waren zwei übrig: Jaropolk, der nunmehr allein den Süden beherrschte, und Wladimir in Nowgorod. Aber offenbar fühlte sich Wladimir einer Auseinandersetzung mit dem älteren Bruder nicht gewachsen. »Als Wladimir in Nowgorod hörte, daß Jaropolk den Oleg getötet hatte, fürchtete er sich und floh übers Meer.«[66] Diese Mitteilung erfolgt recht unvermittelt. Wir erfahren nichts über vorhergegangene Auseinandersetzungen zwischen Jaropolk und Wladimir. Nicht einmal eines Anlasses bedurfte es offenbar, um Wladimir in solchen Schrekken zu versetzen, daß er sein Fürstenamt fahrenließ und das Weite suchte. Es kann sein, daß die Quellen hier lükkenhaft sind, es kann aber auch wirklich so gewesen sein, wie es die Chronik berichtet: Als Wladimir hörte, daß Oleg eines gewaltsamen Todes gestorben wäre, ergriff ihn Angst. Da er seinen Bruder Jaropolk kannte, wußte er, was auch ihn erwartete. Er räumte das Feld – um zwei Jahre später zurückzukehren und den Kampf um das väterliche Erbe aufzunehmen.

## Flucht in den Norden

Wohin sich Wladimir auf seiner Flucht gewandt hat, wissen wir nicht. Die Chronik beschränkt sich auf die vieldeutige Mitteilung, »er floh übers Meer«.[67] Auch für die beiden folgenden Jahre – 978 und 979 – schweigen die Quellen. Wieder enthalten die Handschriften lediglich die Jahreszahlen ohne weitere Eintragung. Auch aus anderen Quellen erfahren wir nichts. Keine altnordische oder lateinische Chronik erwähnt einen landesflüchtigen russischen Fürstensohn, der sich zu jener Zeit an einem skandinavischen oder westeuropäischen Hof aufgehalten hätte.

Erst unter dem Jahr 980 setzt die altrussische Chronik die Erzählung fort. Der Bericht beginnt mit der Rückkehr Wladimirs nach Rußland an der Spitze einer warägischen Kriegerschar. Es folgt – um dies vorwegzunehmen – die kampflose Kapitulation Nowgorods, die Brautfahrt nach Polock und schließlich der siegreiche Feldzug gegen Kiew, der mit der Errichtung der Alleinherrschaft Wladimirs endet. Auf die Flucht des späteren Großfürsten kommt die Chronik nicht noch einmal zurück. Den einzigen Anhaltspunkt für die Beantwortung der Frage nach dem Aufenthaltsort Wladimirs während seiner etwa dreijährigen Abwesenheit von Nowgorod bietet also die Mitteilung sub anno 980: »Wladimir kam mit den Warägern nach Nowgorod.«[68] Was hat man sich unter Warägern vorzustellen? Waräger – altrussisch Warjagy – ist die russische Bezeichnung für die skandinavischen Krieger und Handelsleute, die wir aus den lateinischen Quellen als Normannen oder Wikinger kennen. Max Vasmer leitet in seinem etymologischen Wörterbuch der russischen Sprache den Namen vom altnordischen ›var‹ ab, was Treue, Bürgschaft, Gelübde bedeutet. Daraus erschließt er hypothetisch die in schriftlichen Quellen nicht nachgewiesenen Begriffe ›vâringr‹ und ›voeringr‹, aus denen sich ohne Schwierigkeiten der ostslawische Terminus ableiten läßt.[69]

Noch interessanter ist die Frage, wie sich ein russischer Thronprätendent an die Spitze einer skandinavischen Gefolgschaft setzen konnte, um mit ihrer Hilfe den Kampf um die Macht in der Kiewer Rus zu beginnen. Um diese nicht ganz unkomplizierten Zusammenhänge zu veranschaulichen, ist es notwendig, zunächst den Rahmen der russischen Geschichte zu verlassen und zwei Jahrhunderte zurückzugreifen.

Im Jahre 793 – so berichtet die angelsächsische Chronik – zeigten sich über Lindisfarne, einer kleinen Insel vor der nordwestlichen Küste Englands, unheimliche Wunderzeichen, die die Leute mit Furcht und Schrecken erfüllten.[70] Furchtbare Gewitter entluden sich über dem Eiland, Wirbelstürme entwurzelten Büsche und Bäume, und man sah – so erzählt die Chronik – geflügelte Drachen mit rotglühenden Nüstern. In der Fastenzeit tropfte blutiger Regen vom Dach der Peterskirche zu York, und eine große Hungersnot folgte. Im selben Jahr – am 8. Juni – tauchten vor der Inselabtei Lindisfarne plötzlich und unerwartet fremde Schiffe mit Drachenköpfen am Vordersteven auf und näherten sich dem Ufer. Unter schrecklichem Geschrei, die Streitäxte und Schwerter schwingend – so beschreibt der zeitgenössische Chronist die furchtbare Szene –, stürmten die Insassen an Land, stürzten sich auf die wehrlosen Klosterbrüder, die bei der Einbringung der Ernte überrascht wurden. Sie metzelten alles nieder, was sich ihnen in den Weg stellte, raubten den Kirchenschatz, zertrampelten die heiligen Stätten, stürzten die Altäre um, vernichteten die Klosterbibliothek, plünderten Keller und Vorratsräume, schlachteten Rinder und Schafe auf der Weide. Nachdem sie alles weggeschleppt hatten, was sie tragen konnten, ließen sie alle Gebäude in Flammen aufgehen. Lärmend und siegestrunken kehrten sie auf ihre drachengeschmückten Schiffe zurück und verschwanden so schnell, wie sie gekommen waren. Zurück blieben rauchende Trümmer, ein blutgetränkter Strand und ein fast menschenleeres Eiland.

Der Überfall auf das Kloster Lindisfarne in Northumberland im Jahre 793 markiert wie ein blutiges Menetekel den Beginn der Wikingerzeit in der europäischen Geschichte. Die Chronisten des 9. und 10. Jahrhunderts verzeichnen eine nicht endenwollende Folge von Überfällen, Brandschatzungen und grausamen Piratenakten, die immer nach dem gleichen Muster verliefen. Die Drachenboote tauchten unerwartet auf, und ehe eine organisierte Gegenwehr möglich war, hatten die Nordleute Menschen und Vieh abgeschlachtet, die Gebäude angesteckt und die Schiffe mit Beutegut gefüllt. Dann segelten sie weiter. Wenige Stunden nach dem Überfall waren sie den Augen der überlebenden Opfer entschwunden.

Aber nicht nur die zerrissenen und unter sich uneinigen angelsächsischen Königreiche waren Opfer solcher Überfälle; selbst das Reich Karls des Großen war den Beutezügen der raubgierigen Horden ausgesetzt. Je mehr nach dem Tode Karls die Zentralmacht verfiel und das Fränkische Reich in Nachfolgekämpfe versank, desto ungehemmter suchten die Wikinger das Land heim.

Nicht nur die Küsten waren ihnen schutzlos preisgegeben; sie zogen jetzt auch die großen Flüsse stromaufwärts, brandschatzten Paris und die Städte am Rhein, drangen ins Mittelmeer vor und plünderten die Städte Italiens. Die Schreckensnachrichten über die Untaten der Wikinger verbreiteten ein Gefühl der Hilflosigkeit und eine beklemmende Weltuntergangsstimmung, die nach und nach das ganze Abendland erfaßte.

Fast drei Jahrhunderte lang durchpflügten die Drachenboote der Normannen die Meere. Die kühnen und abenteuerlustigen Seefahrer stießen bis an die Grenzen der damals bekannten Welt vor, sie besiedelten Island, entdeckten Grönland und erreichten sogar Nordamerika. Sie unterwarfen Irland und Teile Englands, setzten sich in Nordfrankreich fest, trieben Seeraub und Handel, traten in den Dienst fremder Herren und gründeten Reiche und Dynastien.

Auch in Osteuropa waren die Wikinger keine Unbekannten. Die Quellen berichten uns dort von ähnlichen Überfällen wie auf den britischen Inseln und an den Küsten des Fränkischen Reichs. Rimbert schildert in seiner Lebensbeschreibung Ansgars, des Erzbischofs von Hamburg/Bremen und »Apostels des Nordens«, ausführlich einen schwedischen Kriegszug gegen Kurland: »... mit zahllosem Heer fuhren sie also hinüber. Zunächst landeten sie überraschend bei der Burg Seeburg ..., verwüsteten sie gründlich und brannten sie nieder. Das gab ihnen Zuversicht; man ließ die Schiffe zurück und zog mit stürmischem Mut in fünf Tagesmärschen landeinwärts vor ihre nächste Burg Apulia.«[71] Hier allerdings holten sich die Schweden blutige Köpfe; sie konnten von Glück reden, daß ihnen die überfallenen Kuren einen Waffenstillstand und freien Abzug gewährten.

Insgesamt spielten derartige Plünderungszüge in der Geschichte des Baltikums und Osteuropas eine weitaus geringere Rolle als in Westeuropa.[72] Dafür bemächtigten sich die Wikinger hier der Schlüsselposition des Fernhandels. Zwischen Staraja Ladoga in Nordrußland und Haithabu auf der Schleswiger Landenge entstand ein Netz von Handelsplätzen, die von den Wikingern besucht und teilweise wohl auch beherrscht wurden.[73] Rerik an der Wismarer Bucht, Ralswiek auf Rügen und Truso in der Nähe des heutigen Gdańsk gehörten zu diesen Seehandelsplätzen. Der berühmteste von ihnen aber war Jumne auf der Insel Wolin im Oderhaff, den manche Historiker mit dem sagenumwobenen Vineta identifizieren möchten. »Wo sie (die Oder – Anm. d. Verf.) an ihrer Mündung ins Skythenmeer fließt«, schreibt Magister Adam von Bremen, »da bietet die berühmte Stadt Jumne für Barbaren und Griechen einen viel besuchten Treffpunkt ... Es ist wirklich die größte von allen Städten, die Europa birgt; in ihr wohnen Slawen und andere Stämme, Griechen, Barbaren.«[74] Der Reichtum des Nordens bestand vor allem in den in ganz Europa und im Orient begehrten Pelzen, ferner in Honig, Wachs, Walfischzähnen, Häuten und vielen anderen Produkten. Von großer Bedeutung war der Sklavenhandel – möglicherweise war dies überhaupt der größte Posten im Handel zwischen Nordeuropa und den Mittelmeerländern.

Dem Lauf der Flüsse folgend, gelangten die warägischen Kaufleute, Krieger und Sklavenjäger ins osteuropäische Binnenland. Auf dem schon beschriebenen Dneprweg kamen sie ins Schwarze Meer und nach Byzanz; über kleinere Zuflüsse des Ladogasees und des Ilmensees wechselten sie zum oberen Flußgebiet der Wolga und erreichten stromabwärts fahrend das Reich der moslemischen Wolgabulgaren mit seiner reichen und mächtigen Hauptstadt Bolgar. Weiter wolgaabwärts gelangten sie ins Chazarenreich und von dort über das Kaspische Meer zu den Märkten des Orients.

Doch kehren wir zu unserer Ausgangsfrage zurück. Die Frage, um deretwillen der Ausflug in die Welt der Wikinger unternommen wurde, hatte gelautet: Wo hielt sich Wladimir während seiner dreijährigen Abwesenheit auf, und wo warb er den warägischen Söldnerhaufen an, mit dem er 980 nach Nowgorod zurückkehrte? Die Frage ist sehr schwer zu beantworten, denn die Wikinger waren in jener Zeit – wie gezeigt wurde – zwischen Wolga und Atlantik allgegenwärtig. Auf den Meeren trieb sich genügend unruhiges Volk umher, das sich durch die Aussicht auf reiche Beute leicht bewegen ließ, dem russischen Fürstensohn in sein ungewisses Abenteuer zu folgen.

Möglicherweise konnte sich Wladimir während seines Exils auf verwandtschaftliche Beziehungen stützen, die seine Familie mit dem skandinavischen Norden verbanden. Wir betreten mit dieser Vermutung den schwankenden Boden unsicherer Hypothesen. Über die Herkunft der ersten russischen Dynastie gibt es eine Reihe einander widersprechender Theorien. Die Nestorchronik nämlich berichtet sub anno 862, daß die drei Brüder Rjurik, Sineus und Truwor von den in Rußland lebenden slawischen und finnischen Völkerschaften als Herrscher berufen wurden.[75] An dieser nur wenige Zeilen umfassenden Mitteilung der Chronik entzündete sich, beginnend in der Mitte des 18. Jahrhunderts, ein zweihundertjähriger Gelehrtenstreit, in dem es an schrillen Mißtönen nicht fehlte. Der zentrale Streitpunkt war weniger die Frage der »Berufung« an sich, die deutlich als nachträgliche Interpretation auszumachen ist, sondern die eindeutige Aussage der Chronik, die Stammväter des ersten russischen Herrscherhauses seien Waräger gewesen. Hinzu kommt, daß der Name Rus offenbar ursprünglich nicht die ostslawischen Ureinwohner, sondern die skandinavischen Neuankömmlinge bezeichnete und von diesen auf das Land und das Volk übertragen wurde. In der Blütezeit nationalromantischer Mittelalterverklärung kränkte dies begreiflicherweise den russischen Nationalstolz, und man suchte die Glaubwürdigkeit der Nestorchronik zu entkräften. Dies war angesichts der legendären Züge des Chronikberichtes auch nicht schwer. Auf der anderen Seite brachten die Anhänger der These von der normannischen Abkunft der Rjurikiden eine Reihe von seriösen Argumenten vor, die sich auch heute noch nicht ohne weiteres vom Tisch wischen lassen. Vom heutigen Standpunkt aus kann man die Probleme natürlich gelassener sehen. Selbstverständlich war der Übergang von der Gentilordnung zum frühfeudalen Staat kein einmaliger Staatsgründungsakt, der von irgendwelchen Herrschern vorgenommen wurde. Die Entstehung der Kiewer Rus basierte auf einem langen und komplexen Entwicklungsweg der ostslawischen Stammesgesellschaft. Dennoch sind die eigentlichen Sachfragen bis heute noch nicht endgültig geklärt. Die Fragen nach der Historizität Rjuriks[76] und nach der Herkunft der russischen Fürstensippe[77] haben wenig von ihrer Faszination eingebüßt. Auf die Gefahr hin, den komplizierten Sachverhalt allzusehr zu vereinfachen, wird man doch sagen können, daß die Familie Wladimirs väterlicherseits skandinavischer Abkunft war. Die für unsere Ohren so russisch klingenden Namen Olga und Igor sind eindeutig die slawischen Formen nordgermanischer Personennamen.[78] In bezug auf die sprachliche und kulturelle Identität Wladimirs beweist dies jedoch wenig. Bei den in einer fremden Umwelt lebenden Warägern vollzog sich sehr schnell ein kultureller Assimilationsprozeß, dessen Ursachen auf der Hand liegen. Die warägischen Krieger nahmen sich einheimische Frauen, und während sich die Väter auf Kriegszügen befanden, wuchsen die Kinder bei ihren ostslawischen Müttern auf. Wladimir selbst ist dafür das beste Beispiel. Seine Mutter Maluscha war zweifellos eine Slawin, seine Muttersprache im eigentlichen und ursprünglichen Wortsinn war das Slawische.

Aufgrund der Schnelligkeit des Anpassungsprozesses sind die nordgermanischen Spuren im Altrussischen auffallend gering. Dies mußten sogar Philologen einräumen, die mit dem Ziel angetreten waren, den Einfluß der Waräger auf die russische Geschichte zu beweisen.[79] Man wird vermuten können, daß für die vierte Generation der bereits in Rußland geborenen Nachfahren Rjuriks – zu der Wladimir gehörte – kaum eine innere Bindung an das sich im mythischen Nebel verlierende Herkunftsland der Vorväter bestand. Daß sich Wladimir an die Spitze einer warägischen Gefolgschaft setzte, beweist in diesem Zusammenhang nichts. Die Anwerbung normannischer Soldtruppen war keineswegs ein ungewöhnlicher Vorgang in der europäischen Geschichte. So berichtet Helmold von Bosau, daß ein Obodritenfürst seine Rivalen von dänischen Gefolgsleuten erschlagen ließ.[80] An die Tatsache, daß im Umkreis westslawischer Fürstensitze im Ostseegebiet reiche wikingische Funde ans Tageslicht gebracht wurden, knüpft J. Herrmann die Vermutung, daß es sich in diesen Fällen um »unter Vertrag genommene Wikinger« gehandelt habe.[81] Sogar während der spanischen Reconquista und der Kreuzzüge begegnen uns Normannen in den kämpfenden Heeren. Das bekannteste Beispiel für die Anwerbung skandinavischer Söldner ist die Warägergarde der byzantinischen Kaiser. Den inneren Verhältnissen von Byzanz fremd, der Sprache unkundig und vom Volke gehaßt, waren diese kampfestüchtigen nordischen Krieger eine sichere Stütze der byzantinischen Herrscher. Die Geschichte weiß von Abenteurern wie dem späteren norwegischen König Harald dem Harten zu berichten, die erst in Rußland Dienst taten, später dem Kaiser dienten und schließlich in noch anderen Weltgegenden ihr Glück suchten.

Denen, die von den Kriegsfahrten nicht zurückkehrten, errichtete man in der Heimat Runensteine, deren Inschriften von ihren Heldentaten berichteten. In der ostschwedischen Landschaft Uppland häufen sich Steine, die den Tod bei »Ostlandfahrten« erwähnen. »Er fiel auf Ostfahrt mit Ingvar, Gott helfe seiner Seele«, heißt es lakonisch auf einem dieser Steine.[82] Eine andere, bei Schloß Gripsholm aufgefundene Inschrift ist etwas ausführlicher: »Tola ließ diesen Stein errichten für seinen Sohn Harald, Ingvars Bruder. Sie zogen männlich fern nach Gold und in Østerland (Ostland), sie gaben dem Adler Fressen. Er starb im Süden, im Särkland (Seidenland).«[83] In dem auf mehreren Runensteinen erwähnten Ingvar möchten manche den legendenumwobenen schwedischen Königssohn Ingvar den Weitgereisten erblicken, der von den isländischen Skalden besungen wurde. Auf andere Weise hat sich die Erinnerung an einen der weniger vornehmen schwedischen Männer erhalten, die im Solde fremder Herren ihre Haut zu Markte trugen. Als im Jahre 1688 die Venetianer Athen eroberten, nahmen sie als Kriegsbeute ein marmornes Löwenstandbild mit, das bis dahin im Hafen von Piräus gestanden hatte.[84] Nachdem man den Löwen vor dem Arsenal von Venedig aufgestellt hatte, entdeckte man auf beiden Seiten merkwürdige Schriftzeichen, die man damals nicht zu deuten wußte. Inzwischen weiß man, daß es sich hierbei um Runeninschriften uppländischer Herkunft handelt, die wahrscheinlich um 1070 in den Marmor gemeißelt wurden. Die Runenzeichen waren jedoch so verwittert, daß es lange Zeit nicht möglich schien, sie zu entziffern. Ein schwedischer Runenforscher hat zu Beginn unseres Jahrhunderts dennoch einen Deutungsversuch gewagt, dessen erste Worte lauten: »Sie erschlugen ihn in Heerscharens Mitte, aber in diesem Hafen meißelten Männer Runen für Horse, einen wackeren Bauern von der Bucht. Schweden brachten dies auf dem Löwen an ...«[85] Wenn die Datierung der Inschrift auf 1070 richtig ist, so kann sie nicht von jenen Kriegern stammen, die im Jahre 980 Wladimir nach Rußland folgten. Aber auch von diesen zog – wie noch zu berichten sein wird – ein großer Teil weiter nach Byzanz, um dort in der Warägergarde des Kaisers Dienst zu tun.[86] Die meisten von ihnen werden das Schicksal jenes unbekannten schwedischen Bauern namens Horse geteilt haben und fern von zu Hause »Fraß der Adler« geworden sein, wie es auf dem Runenstein von Schloß Gripsholm metaphorisch heißt.

## Kampf um Kiew

Wladimirs Rückkehr nach Rußland glich offenbar einem Triumphzug – jedenfalls ergibt sich aus den wenigen Nachrichten der Nestorchronik dieser Eindruck. Nowgorod leistete dem Thronprätendenten, der an der Spitze eines normannischen Söldnerhaufens vor der Stadt erschien, keinen Widerstand, sondern öffnete seinem früheren Fürsten freiwillig die Tore. Möglicherweise verfügte Wladimir in der Stadt noch über eine Anhängerschaft. Vielleicht war man in der nördlichen Handelsmetropole auch mit der Bevormundung durch die Statthalter Jaropolks unzufrieden und erinnerte sich gern der Herrschaftszeit Wladimirs. Anders jedenfalls läßt sich die kampflose Übergabe der wohlbefestigten und strategisch günstig gelegenen Stadt nur schwer erklären. Auch die von Jaropolk eingesetzten Possadniki – wie die Statthalter in den Quellen genannt werden – wagten es nicht, sich dem heimkehrenden Fürstensohn zu widersetzen. Immerhin retteten sie dadurch ihr Leben. Nach der Einnahme der Stadt ließ Wladimir die Statthalter seines Bruders zu sich kommen und schickte sie mit der Botschaft nach Kiew: »Geht zu meinem Bruder und sagt ihm: ›Wladimir zieht wider dich, rüste dich zum Kampf.‹«[87] Ehe der Chronist zu seinem Bericht über den Feldzug gegen Kiew kommt, fügt er die Legende von der Werbung Wladimirs um die stolze Polocker Fürstentochter Rogneda ein. Auf diesen Chronikbericht soll im Zusammenhang mit den Eheverhältnissen Wladimirs ausführlich eingegangen werden. Zunächst sei nur festgehalten, daß die legendäre Erzählung einen Bericht über die Zerstörung eines eigenständigen warägischen Fürstentums an der Düna enthält. Offenbar hat der Chronist eine historisch durchaus glaubwürdige Nachricht mit der Brautwerbersage vermischt. Läßt man sie aus, lautet der folgende Satz der Chronik: »Und er zog gegen Jaropolk.«[88] Will man ihr also Glauben schenken, warf Wladimir seinem Bruder den Fehdehandschuh hin, sobald er russischen Boden betreten hatte; mehr noch – er wartete die Antwort auf seine Kriegserklärung gar nicht erst ab, sondern begann sofort ein Heer zu sammeln, ohne den Versuch einer Verständigung oder einer friedlichen Vermittlung auch nur der Form halber zu unternehmen. Dabei wäre eine gütliche Einigung vielleicht möglich gewesen; die russische Geschichte kennt viele Beispiele für die Teilung der Macht zwischen den Angehörigen einer Fürstensippe. Doch schon wie 977, als Wladimir Hals über Kopf aus Nowgorod floh, sobald er vom tragischen Ende seines Bruders Oleg hörte, setzt auch jetzt der Chronist die Todfeindschaft zwischen Wladimir und Jaropolk als selbstverständlich voraus, zwischen denen jede Verständigung ausgeschlossen zu sein schien. Offenbar war beiden Seiten klar, daß der Kampf um die Macht nur durch den Tod eines der beiden Kronprätendenten beendet werden konnte. Auffallend ist weiter, daß der Chronist den Anspruch Wladimirs auf den Kiewer Thron als gegeben voraussetzt – daß er nicht einmal im Ansatz den Versuch unternimmt, die Anwartschaft Wladimirs in irgendeiner Weise zu rechtfertigen. Denn solange der erstgeborene Sohn des Großfürsten Swjatoslaw lebte, besaß Wladimir keinen Anspruch auf die Herrschaft in Kiew. Einzig und allein das Recht des Stärkeren legitimierte also sein Vorgehen.

Von Polock aus zog Wladimir, dem Lauf der Flüsse folgend, weiter nach Süden. Auf dem gleichen Weg, auf dem er zehn Jahre zuvor noch als Kind nach Nowgorod gekommen war, kehrte er nun an der Spitze eines bewaffneten Kriegshaufens in seine Vaterstadt zurück. Als Jaropolk vom Nahen seines Bruders hörte, ergriff ihn Furcht. Er wagte es nicht, sich ihm im offenen Kampf zu stellen, sondern zog sich in das befestigte Kiew zurück. Wladimir seinerseits vermied den Sturmangriff auf die schwer einnehmbare Stadt und errichtete unweit von Kiew ein Lager. So standen sich beide Heere untätig gegenüber. Doch die Zeit arbeitete für Wladimir. Wie in einer antiken Schicksalstragödie ging der Brudermörder Jaropolk seinem unausweichlichen Ende entgegen. Von den engsten Vertrauten verraten, umgeben von einer Atmosphäre aus Angst und Mißtrauen, dem Rat seiner wahrhaft getreuen Gefolgsleute nicht trauend, fand Jaropolk nicht mehr die Kraft zum Widerstand gegen seinen Bruder Wladimir. Die Nestorchronik, der wir im folgenden ausführlich das Wort geben wollen, überliefert uns einen lebendigen Bericht der dramatischen Ereignisse: »Wladimir sandte zu Blud, Jaropolks Wojewoden, und sprach voller List: ›Sei mir freundlich gesinnt; wenn ich meinen Bruder erschlage, will ich dich an Vaters Stelle haben, und große Ehre wirst du von mir empfangen. Nicht ich begann die Brüder zu morden, sondern er; aus Furcht vor ihm bin ich wider ihn gezogen.‹ Und Blud sprach zu Wladimirs Gesandten: ›Ich will dir von Herzen ergeben sein.‹«[89] Der Chronist knüpft an diesen Vorgang einige moralisierende Betrachtungen über die menschliche Hinterlist und setzt seinen Bericht fort: »So verriet auch Blud seinen Fürsten, wiewohl er viel Ehre von ihm empfangen hatte: dieser ist schuldig seines Blutes. Denn nachdem Blud sich mit Jaropolk zusammen eingeschlossen hatte, sandte er voll Arglist gegen ihn oft zu Wladimir und hieß ihn im Sturm gegen die Stadt vorgehen; und er gedachte selbst den Jaropolk zu töten, aber wegen der Stadtbewohner war es nicht möglich, ihn zu töten. Da nun Blud nicht wußte, wie er ihn verderben sollte, gedachte er es mit List zu tun und riet ihm ab, aus der Stadt einen Ausfall zu machen. Voller List sprach Blud zu Jaropolk: ›Die Kiewer stehen mit Wladimir in Verbindung und sagen: Greife die Stadt an, dann werden wir dir Jaropolk übergeben. Fliehe aus der Stadt!‹ Und Jaropolk hörte auf ihn, floh und schloß sich in der Stadt Rodnja ein, an der Mündung des Flusses Ros; Wladimir aber zog in Kiew ein. Und man belagerte Jaropolk in Rodnja, und es herrschte dort großer Hunger ... Und Blud sprach zu Jaropolk: ›Siehst du, wieviel Krieger dein Bruder hat? Wir werden sie nicht überwinden; schließe Frieden mit deinem Bruder.‹ Das sagte er aber voller Arglist gegen ihn. Und Jaropolk sagte: ›So sei es.‹ Und Blud sandte zu Wladimir, also sagend: ›Deine Absicht ging in Erfüllung: Ich werde Jaropolk zu dir bringen; bereite alles vor, ihn zu töten.‹ Als Wladimir das hörte, ging er in den väterlichen Teremhof, ... und setzte sich dort mit den Kriegern und seiner Gefolgschaft nieder. Und Blud sprach zu Jaropolk: ›Gehe zu deinem Bruder und sage ihm: Was du mir auch geben wirst, ich will es annehmen.‹ Jaropolk ging hin, Warjaschko aber sprach zu ihm: ›Geh nicht, Fürst; man will dich töten. Flieh zu den Petschenegen und führe ein Heer herbei.‹ Aber er hörte nicht auf ihn. Und Jaropolk kam zu Wladimir; und als er in die Türe hineinging, stießen ihm zwei Waräger die Schwerter von unten in die Brust. Blud aber hatte die

Türe verschlossen und ließ die Seinen nicht folgen. Und so ward Jaropolk getötet.«[90] Warjaschko, der seinen Fürsten vor dem Hinterhalt gewarnt hatte, machte wahr, was er Jaropolk geraten hatte. Er floh in die Steppe und setzte den Kampf an der Spitze eines petschenegischen Hilfskorps fort. Wie die Chronik berichtet, kostete es Wladimir einige Mühe, den tapferen Gefolgsmann, der seinem Fürsten über dessen Tod hinaus die Treue hielt, an sich heranzuziehen und ihn zu einer Eidesleistung auf den neuen Herrn von Kiew zu bewegen.[91] Das vordringlichste Problem Wladimirs nach dem siegreichen Einzug in die Hauptstadt scheint es gewesen zu sein, die normannische Soldtruppe, mit welcher er – verstärkt durch slawische und tschudische Kontingente – den Sieg erfochten hatte, wieder loszuwerden. Die ungebärdigen Kriegsleute aus dem Norden forderten nämlich nun den versprochenen Anteil von der Siegesbeute. »Dies ist unsere Stadt«, meinten die Nordleute, »wir haben sie erobert; so wollen wir von ihnen ein Lösegeld haben, zwei Grivnen auf den Kopf!«[92] Dies war die übliche Verfahrensweise, wenn sich die Normannen irgendwo zu Herren des Landes aufgeworfen hatten. Wladimir hatte sich nun zu entscheiden, ob er den Einwohnern von Kiew als der Anführer einer fremden, Kontributionen einfordernden Streitmacht oder als der neue Herrscher des Landes gegenübertreten sollte. Er versuchte zunächst, den gefährlichen Söldnerhaufen durch Versprechungen hinzuhalten: »Wartet einen Monat, bis man Geld für euch sammle«, ließ er ihnen sagen.[93] Die Waräger warteten einen Monat, doch als die versprochenen Zahlungen ausblieben, wurden sie ungeduldig und warfen Wladimir Betrug vor. Offenbar aber hatte sich in der Zwischenzeit das Kräftegleichgewicht verschoben. Sei es, daß Wladimir sich auf andere Truppen stützen konnte – etwa auf die slawischen und tschudischen Teile seiner Streitmacht oder auf ehemalige Anhänger seines ermordeten Bruders Jaropolk –, sei es, daß die normannische Kriegsschar in sich uneins war – die Angelegenheit endete mit einer gütlichen Übereinkunft zwischen dem Fürsten und seiner Soldtruppe. Die Chronik berichtet, daß in beiderseitigem Einverständnis der Hauptteil der Waräger weiter nach Süden zog, um sich in den Sold des byzantinischen Kaisers zu begeben. Der andere Teil entschloß sich, in Rußland zu bleiben. Wladimir »wählte aus ihrer Mitte gute und verständige und tapfere Männer aus und verteilte sie unter die Städte«, berichtet die Chronik, »die anderen aber zogen zu den Griechen nach Zargrad«.[94]

Der Chronist fügt an die insgesamt glaubwürdig klingende Erzählung einen möglicherweise legendären Schluß an: »Und er sandte Boten vor ihnen her, also zum Kaiser sprechend: ›Siehe, die Waräger ziehen zu dir; halte sie nicht in der Stadt, sonst werden sie dir Böses tun wie auch hier; verteile sie auf verschiedene Plätze, aber hierher laß keinen einzigen zurück.‹«[95]

# Der heidnische Fürst (980–988)

## Die Rus

Der uneheliche Sohn der »Schlüsselbewahrerin« Maluscha, den man zehn Jahre zuvor bei der Teilung des Landes fast vergessen hätte, war nun Großfürst der Kiewer Rus – Herrscher also über ein riesiges Territorium, das sich im 10. Jahrhundert vom Onega- und Ladogasee im Norden bis an die Steppengrenze südlich von Kiew erstreckte. In östlicher Richtung reichte das Herrschaftsgebiet der Kiewer Fürsten wenigstens nominell weit in die russische Mischwaldzone hinein, im Westen bis zu den Karpaten. Die politische Einflußsphäre erstreckte sich sogar noch weiter: im Süden bis ans Schwarze Meer und im Norden bis zur Ostsee. Gegenüber der Halbinsel Krim an der Kubanmündung lag das russische Fürstentum Tmutarakan, das den Historikern allerdings einige Rätsel aufgibt.

Die Gestalter historischer Kartenwerke haben im allgemeinen wenig Scheu, das gesamte, selbst nach modernen Maßstäben gewaltige Landgebiet bunt eingefärbt darzustellen und damit als politisch zur Kiewer Rus gehörig zu kennzeichnen. Dies mag formal auch gerechtfertigt sein, denn alle politische Macht lag in den Händen der fürstlichen Zentralgewalt, und seit der Vernichtung des warägischen Fürstentums von Polock an der Düna hören wir nichts mehr von konkurrierenden selbständigen Fürstentümern. Auch ostslawische Stammesfürsten, wie etwa jener Drewljanenfürst Mal, der im Jahre 945 den Kiewer Herrscher Fürst Igor, den Großvater Wladimirs, erschlagen hatte, tauchen seitdem in der Chronik nicht mehr auf. Olga hatte damals erbarmungslos mit den Mördern ihres Gatten abgerechnet und die eigenständige Macht der Drewljanenfürsten gebrochen. Wohl hören wir davon, daß sich Wladimir in wichtigen Fragen mit seinen Bojaren beriet – so beispielsweise vor der endgültigen Entscheidung, welche der Weltreligionen man in Rußland einführen wolle –; das letzte Wort aber lag zweifelsohne beim Herrscher selbst.

Theoretisch also war Wladimir unumschränkter Alleinherrscher über ein Riesenreich, in dem trotz der niedrigen Besiedlungsdichte immerhin schätzungsweise fünf Millionen Untertanen lebten.[96] Wie aber sah die staatliche Herrschaftsausübung abseits der Hauptverkehrsadern und der zentralen befestigten Stützpunkte aus? Auf welche Machtmittel und Institutionen konnte sich die Zentralgewalt stützen, um ihren Entscheidungen Geltung zu verschaffen? Damit eng verbunden ist die Frage nach den Bedingungen des Alltagslebens jener Menschen, über die Wladimir als Herrscher gesetzt war und in deren Namen er später das Christentum für Rußland übernahm. Inwieweit waren sie von den politischen Entscheidungen, die im fernen Kiew gefällt wurden, unmittelbar berührt? Gerade im Zusammenhang mit der Durchsetzung des Christentums in dem gewaltigen Territorium zwischen der nordrussischen Tundra und den südrussischen Steppengebieten sind diese Fragen nicht ganz unwichtig.

Will man sich diesem Fragenkomplex nähern, ist es zunächst notwendig, an einige grundlegende Bedingungen der russischen Geschichte zu erinnern. In Rußland herrscht, abgesehen von der Schwarzmeerküste, ein extrem kontinentales Klima mit kalten Wintern und kurzen, heißen und regnerischen Sommern. Während der langen, schneereichen Winter war das Land nur schwer passierbar, zumal bis tief in den Süden hinein auch die Flüsse zufrieren und damit die Hauptverkehrsadern des Landes in der kalten Jahreszeit damals nicht benutzbar waren. Auch im Frühjahr während der Schneeschmelze und in der Zeit der Herbstregen waren die Wege unpassierbar, so daß die Menschen in den weit auseinanderliegenden Siedlungen für lange Monate von der Außenwelt abgeschlossen waren. Zwischen den relativ kleinen und weit verstreut liegenden Dörfern dehnten sich undurchdringliche Wälder, im Norden reine Nadelwälder, an die sich eine breite Mischwaldzone anschloß, die bei Kiew in eine Laubwaldsteppe und bald darauf in die Steppe überging. Die dichten Waldgebiete ließen sich überhaupt nur auf den Wasserwegen durchqueren, die Siedlungen lagen demzufolge an den Flüssen. Dabei ist es von Bedeutung, daß die Quellgebiete von Wolga, Dnepr, Wolchow und westlicher Dwina so eng beieinander liegen, daß die Flüsse Rußlands praktisch ein geschlossenes System bilden. Nicht nur die internationalen Fernhandelswege folgten dem Lauf der Flüsse, sondern auch die Siedlungsbewegungen der ostslawischen Bevölkerung. Die Siedler hielten sich an die Hauptströme, folgten dann den Nebenflüssen stromaufwärts und stießen zuletzt in den Wald selbst vor.

Der Wald spielte eine große Rolle im Leben der Menschen. Der russische Historiker W. O. Kljutschewskij, dessen Werk – weil es die sozialen und wirtschaftlichen Grundlagen der Geschichte einbezieht – zu den klassischen Leistungen der Historiographie gehört, gibt folgende einprägsame Schilderung der Bedeutung des Waldes für den Menschen im mittelalterlichen Rußland: »Er bot ihm die Fichte und Eiche zum Hausbau, gab Birken und Espen zum Heizen her, erleuchtete seine Hütte mit dem Kienspan, er lieferte ihm die Schuhe aus Lindenbast, er stattete ihn mit Hausgerät und der Bastschnur aus. Lange hat er auch im Norden wie schon früher im Süden die Wirtschaft mit Pelztieren und Waldbienenhonig versorgt. Der Wald war der sicherste Zufluchtsort vor äußeren Feinden, indem er dem russischen Menschen für die fehlenden Berge und Burgen Ersatz bot ... Ungeachtet aller dieser Dienste, hat der Wald auf uns Russen immer gelastet. In alter Zeit, als es noch viel zuviel Wald gab, war er mit seinem Dickicht ein Hemmnis für Straßen und Wege, sein wucherndes Gestrüpp überzog die mit Mühe ausgerodeten Wiesen und Felder; Mensch und Vieh wurden von Bären und Wölfen bedroht ... Die harte Arbeit mit Beil und Feuerstein, womit die Bewirtschaftung auf der Rodung begann, welche vom gefällten und niedergebrannten Holz gesäubert werden mußte, machte müde und unlustig. Damit könnte man vielleicht das unfreundliche oder geringschätzige Verhalten des Russen zum Walde erklären: er hat seinen Wald nie geliebt.«[97]

Wie Kljutschewskij bereits andeutet, bestimmte der auf der Brandrodung basierende Ackerbau das Wirtschaftsleben der Ostslawen im 10. Jahrhundert.[98] In harter Rodungsarbeit entstanden kleine Inseln in dem riesigen Meer von Wäldern und Sümpfen. Hier bauten die Kolonisten ihre einsam gelegenen Gehöfte, zogen Gräben und einfache Befestigungsanlagen um sie herum und machten das umliegende Land urbar. Sie stellten Bienenstöcke auf und legten Fallen aus. Die kartographische Aufnahme der ostslawischen Siedlungen in der Waldsteppenzone zeigt ihre Anordnung in Haufen zu drei bis vier Siedlungen, die voneinander bis zu fünf Kilometern entfernt lagen.[99] In wenigen Fällen erreichte die Zahl der Siedlungen fünf, zehn und fünfzehn. Diese Siedlungshaufen waren durch unbesiedelte Zonen von zwanzig bis dreißig Kilometer Breite voneinander getrennt. In einigen Fällen betrug die Entfernung bis zu hundert und mehr Kilometern.

Gerade die Brandrodungswirtschaft war einer der Gründe dafür, daß die Ansiedlungen so weit voneinander entfernt lagen. Die Zerstörung großer Waldgebiete bedeutete Raubbau am Boden. Die Fruchtbarkeit des mit Holzasche gedüngten Bodens und infolgedessen die erzielten Ernteerträge waren zwar anfangs beachtlich, ließen jedoch rasch nach, so daß man neue Waldstücke kahlschlagen und niederbrennen mußte.

Auch die Wohnstätten waren aufgrund der ständigen Neubesiedlungen verhältnismäßig einfach. Die Bevölkerung der Waldsteppe lebte vorzugsweise in sogenannten Gruben- oder Halbgrubenhäusern, die auch in Kiew durch die Archäologen nachgewiesen worden sind.[100] Bei einem solchen Grubenhaus wurde der Boden auf ungefähr vierzehn bis sechzehn Quadratmetern Fläche etwa ein bis anderthalb Meter tief ausgehoben. An den vier Ecken der Grube und zuweilen auch in der Mitte der Wände wurden Pfosten eingeschlagen. Diese verband man durch waagerechte Aufleger, auf denen das Dach lag. Dann wurden die Wände mit Flechtwerk oder dünnen Balken verkleidet und mit Lehm verputzt. Zur Grube hinunter führte eine in den Boden gehauene Treppe. Über dem Eingang scheint man ein Schutzdach errichtet zu haben, auch andere Vor- und Anbauten sind denkbar. In der Ecke des einzigen Raumes der Erdhütte stand ein kuppelförmiger Ofen aus Stampflehm, dessen Rauch man in die Hütte abziehen ließ. Rauchfänge sind archäologisch nicht nachgewiesen, aber wahrscheinlich gab es Rauchöffnungen unterhalb der Decke.

Dem Flächeninhalt nach, den die einzelnen dörflichen Siedlungen einnahmen, bestanden diese nur aus mehreren kleinen Gehöften. Davon zeugen auch die Hügelgräber, unter denen Gruppen in der Größenordnung von fünfzehn bis zwanzig Grabstellen dominieren. Wahrscheinlich existierten aber auch einige größere Siedlungen.

Während sich aufgrund der Bodenfunde viele Details aus dem Alltagsleben der Ostslawen des 10. Jahrhunderts mit relativ großer Sicherheit rekonstruieren lassen, ist es weit schwieriger, über die sozialen und politischen Verhältnisse Klarheit zu gewinnen. Die altrussischen Schriftzeugnisse stammen sämtlich erst aus späterer Zeit und neigen dazu – sofern sie überhaupt Nachrichten über die vorchristliche Zeit enthalten –, die Zustände des entwickelten Feudalismus auf die Frühzeit zu übertragen. Auch die Berichte ausländischer Autoren – wie beispielsweise der des schon mehrfach erwähnten Konstantin Porphyrogennetos – erhellen jeweils nur einen winzigen Ausschnitt der gesellschaftlichen Realität.

Viele mit der Sozial- und Wirtschaftsordnung der Alten Rus im Zusammenhang stehende Fragen sind innerhalb der sowjetischen Geschichtsschreibung mehr oder weniger umstritten.[101] Die Schwierigkeiten beginnen damit, daß es oft unklar ist, welcher konkrete Sachverhalt sich hinter einem in den Quellen verwendeten sozialen Terminus verbirgt, und sie enden bei der theoretischen Einordnung der altrussischen Gesellschaftsstruktur in das Schema sozialökonomischer Formationen.[102]

So gibt es keine einhellige Meinung darüber, ob die Ostslawen vor der Staatsentstehung die auf der Blutsverwandtschaft basierende ursprüngliche Sippenverfassung bereits überwunden hatten, ob dieser Auflösung der Sippenorganisation eine auf Sklavenarbeit beruhende Gesellschaftsform folgte und bis zu welchem Grade der Feudalisierungsprozeß bereits fortgeschritten war. Für die Existenz einer sozial und politisch exponierten Schicht bei den ostslawischen Stämmen gibt es in den Quellen erst für das 10. Jahrhundert einige Hinweise.

Das System der Eintreibung von Abgaben, wie es auch der byzantinische Kaiser Konstantin Porphyrogennetos im 10. Jahrhundert beschreibt, existierte noch lange. In bestimmten Zeitabständen und an bestimmten Sammelplätzen hatten die Bewohner eines festgelegten Bezirks Abgaben abzuliefern. Darüber hinaus waren sie verpflichtet, für den Unterhalt der fürstlichen Tributeintreiber zu sorgen. Die so erzielten Naturaleinkünfte dienten besonders in der Frühzeit des russischen Staates nicht nur der Versorgung des Fürsten und seiner adligen Gefolgschaft, sondern auch dem Handel. Da der Fernhandel zunächst ebenfalls in den Händen der fürstlichen Gefolgschaft lag, erschloß sich die Oberschicht so eine weitere Einkommensquelle. Auch die Vergabe von Landbesitz an die Gefolgsleute erfolgte zunächst nach »handelspolitischen« Gesichtspunkten. Die ersten feudalen Grundbesitzer waren Mitglieder der fürstlichen Gefolgschaft, die es unternahmen, die auf den fremden Märkten gefragten Güter in eigener Wirtschaftstätigkeit zu produzieren. Damit war die Keimzelle zu einer Feudalentwicklung gelegt. Später wurde es üblich, daß die Lehnherren sich in ihrem eigenen Territorium niederließen. Durch Schenkungen, Kauf und Inbesitznahme weiteren Landes dehnte sich ihr Besitz immer weiter aus. Dennoch stellte noch im 13. Jahrhundert der Bojarenbesitz nur den kleinsten Teil des agrarisch genutzten Bodens dar. Der weitaus größere Teil wurde von selbständigen Bauern bewirtschaftet, die nur zu Abgaben an den Fürsten verpflichtet waren. Die Macht des frühfeudalen Staates reichte im 10. Jahrhundert sicher nicht sehr weit. Sie begann und endete dort, wo die fürstlichen Gefolgsleute, die ausgeschickt waren, Tribute einzufordern, ihren Fuß hinsetzten. Doch gab es für die Bewohner der ländlichen Bezirke Gründe, die geforderte Zahl von Pelzen, Waldbienenhonig oder Dörrfischen im guten herauszugeben. Die ländlichen Regionen waren in bestimmten, territorial begrenzten Abgaben- und Steuerbezirken zusammengefaßt. Aus der Zeit Olgas wird über die Einrichtung solcher Pogosty berichtet, die wohl jeweils aus einem Siedlungsbezirk mit einem Verwaltungsmittelpunkt bestanden. Innerhalb der als herrschaftliche Territorien und Verwaltungseinheiten organisierten Bezirke gab es genossenschaftliche Elemente. Die staatliche Macht, deren Entwicklung noch in den Kinderschuhen steckte, wurde durch Selbstverwaltungsorgane, sogenannte Werw, ergänzt. Nach dem altrussischen Rechtsbuch, der »Russkaja Prawda«, haftete die Werw für einen auf ihrem Territorium erschlagenen fürstlichen Tributeintreiber durch die Errichtung eines Werwgeldes, falls der Mörder nicht gefaßt und ausgeliefert wurde. Sie trug somit die kollektive Verantwortung für die auf ihrem Gebiet begangenen Taten, falls man sich irgendwo den fürstlichen Tributeintreibern mit Gewalt widersetzen sollte.

Die Frage, inwieweit man dieses Gesellschaftssystem mit dem Feudalismus westeuropäischer Prägung gleichsetzen kann, ist oft gestellt und unterschiedlich beantwortet worden.[103] Auf der einen Seite fehlen einige typische Merkmale des okzidentalen Feudalwesens, wie zum Beispiel die rechtliche Immunität der Feudalherren. Auf der anderen Seite fallen viele Parallelen ins Auge, so die Tendenz zur staatlichen Zerplitterung, die mit der Delegierung von Herrschaftsfunktionen verbunden war, die Dominanz der agrarischen Produktion auf niedrigem technologischem Niveau, eine gering entwickelte Staatlichkeit u. a. m. Die Frage, ob die Steuern, Abgaben und Tribute der mittelalterlichen Rus der westeuropäischen Feudalrente entsprechen, ist, sofern man sich nicht in terminologischen Haarspaltereien ergehen möchte, sicher positiv zu beantworten.

Die Periode, die wir hier betrachten, war in Osteuropa ein Zeitalter des radikalen Umbruchs. Innerhalb der zerfallenden, auf dem Gemeineigentum basierenden Stammesgesellschaft entstand ein territoriales, staatliches

System. Für die Menschen bedeutete das den Abschied von Rechtsvorstellungen, Wertsystemen und sozialen Bindungen, die jahrhundertelang stabil geblieben waren. Der sowjetische Historiker W. B. Wilinbachow schreibt in seiner ideenreichen Studie über die Ostslawen im 10. Jahrhundert: »Man spürte, daß die Zeit, da der kommende Tag Wiederholung der ein für allemal gegebenen Ordnung war, zu verschwinden begann. Es zeigte sich ein Gefühl von Unsicherheit, Furcht und als natürliche Reaktion auf die Anpassung an die neue Situation Vorsicht im Umgang mit Angehörigen fremder Stämme.«[104] Als auf höheren Befehl die heidnischen Götzenbilder gestürzt und an ihrer Stelle christliche Kirchen errichtet wurden, erreichte dieser sozialpsychologische Umwälzungsprozeß seinen Kulminationspunkt.[105] Wenn man jedoch präzise nachzuvollziehen versucht, in welcher Weise diese Vorgänge in die Lebensverhältnisse des einzelnen eingriffen, wird deutlich, wie beschränkt unsere Kenntnisse sind. So interessant die von den Archäologen zutage geförderten materiellen Hinterlassenschaften der Zeit sind, so wenig sagen sie etwas aus über die Gedanken und Gefühle der Menschen. Die Schriftzeugnisse dagegen sind befangen in überlieferten Formeln und gedanklichen Schablonen. So bleiben im wesentlichen nur Analogien und Hypothesen, die aber in letzter Konsequenz doch nicht ausreichen, die Fremdheit gegenüber der tausend Jahre zurückliegenden Epoche zu überwinden.

## Kiew

Als Wladimir im Jahre 980 an der Spitze seines Heeres als triumphierender Sieger in Kiew einzog, bot die russische Hauptstadt bei weitem noch nicht jenen von späteren Chronisten gerühmten prachtvollen Anblick. Erst nachdem das Christentum eingeführt worden war, begann man die Hauptstadt des Reiches nach dem Vorbild der Kaiserstadt am Bosporus prächtig auszubauen. Damals entstanden jene vielbewunderten monumentalen Prunkbauten wie die Zehntkirche, die Sophienkathedrale und das Goldene Tor, dessen Reste man heute noch besichtigen kann.

Das Antlitz der Stadt war zuvor von Holzbauten geprägt. Aus Holz errichtete man Wohn- und Wirtschaftsgebäude, Brücken und Straßen. Auch die Stadtbefestigung mit ihren Türmen und Palisaden war aus Holz. Eine Stadt zu bauen hieß in der Alten Rus »srubit' gorod« – d. h. eine Stadt aus Stämmen zusammenzimmern –, so untrennbar war der Begriff der Stadt mit der Vorstellung von Holzbauten verbunden.[106] Im Gegensatz zu den bereits geschilderten Gruben- und Halbgrubenhäusern der Waldsteppengebiete war in Kiew der Typ des Blockhauses verbreitet. Bei den Ausgrabungen, die in den Jahren 1972 in der früheren Kiewer Handwerkervorstadt durchgeführt wurden, hat man die Reste von Blockhäusern entdeckt, die bis zu einer Höhe von fünf bis sechs und sogar neun Balkenlagen erhalten sind, so daß man sich ein recht genaues Bild von diesem Haustyp machen kann. Die Abmessungen der Blockhäuser schwanken sehr stark. Die Grundfläche erreicht in einigen Fällen vierzig bis sechzig Quadratmeter, die meisten sind jedoch kleiner und haben eine Grundfläche von achtundzwanzig bis achtunddreißig, die Wirtschaftsgebäude von nur sechzehn bis achtzehn Quadratmetern. Alle Häuser sind aus Kiefernbalken zusammengesetzt. Auch die Fußböden waren wohl aus Kiefernbohlen gefugt. Wenigstens in einem Fall ist dies archäologisch nachgewiesen. Die Häuser hatten in der Regel zwei Räume. Ob sie mehrgeschossig waren – wie einige Forscher vermuten –, läßt sich allein aufgrund der Fundamente schwer bestimmen.[107]

Die Masse der Stadtbevölkerung bestand aus Handwerkern und Kleinhändlern, die sich zum großen Teil nebenbei noch mit Acker- oder Gartenarbeit beschäftigten – ganz wie die sogenannten Ackerbürger westeuropäischer Städte. Sie lebten in der Handels- und Gewerbevorstadt von Kiew, dem Podol, der sich zwischen dem Altkiewer Berg und dem Dnepr hinzog. Es handelte sich dabei um den von der Ausdehnung und wahrscheinlich auch von der Bevölkerung her größten Stadtbezirk von Kiew. Im 12. Jahrhundert nahm er eine Gesamtfläche von zweihundert Hektar ein. Im Podol befand sich auch der Hauptmarkt der Stadt, der in den Quellen als Torgowitsche bezeichnet wird. Kiew war, wie bereits geschildert, wichtige Durchgangsstation im Fernhandel zwischen Nordeuropa und dem Mittelmeerraum. Es war aber auch zentraler Stapelplatz all jener Güter, die von den fürstlichen Tributeintreibern zusammengebracht wurden, um sie auf den Märkten des Orients und des Byzantinischen Reiches zu verkaufen. Auf dem Markt wurden aber nicht nur Produkte aus aller Herren Länder gehandelt. Hier fand auch die sogenannte Wetsche statt, die Volksversammlung der Bewohner von Kiew.

Neben dem Fernhandel – dessen Bedeutung für die Entwicklung von Kiew nicht hoch genug eingeschätzt werden kann – bestimmte im 10. Jahrhundert bereits eine beachtliche handwerkliche Eigenproduktion das Antlitz und die Sozialstruktur der Stadt. Die durch archäologische Untersuchungen in verschiedenen Teilen der Stadt entdeckten Reste von Werkstätten sowie zahlreichen Erzeugnisse aus Ton, Eisen und Buntmetall zeugen davon, daß im alten Kiew mehr als sechzig handwerkliche Berufe vertreten waren.[108] Schon im 10. Jahrhundert beherrschten Handwerksmeister technisch komplizierte Arbeitsvorgänge wie die Eisen- und Stahlverarbeitung, das Gießen von Schmuck in steinernen Formen, die Herstellung von Baukeramik. Die Erzeugnisse des Kiewer Kunsthandwerks waren weit über die Grenzen der Rus hinaus bekannt.

Oberhalb der Handwerkervorstadt auf dem Altkiewer Berg befand sich das eigentliche Zentrum der politischen Macht. Umgeben von einer weiteren Befestigungsanlage aus hölzernen Wehrtürmen, Brücken und Palisaden, residierte hier der russische Großfürst mit seinem Hof und seiner adligen Gefolgschaft. Von dem ältesten Kiewer Fürstenhof, so wie er zur Zeit Wladimirs ausgesehen hat, sind nur einige Fundamentreste geblieben, die uns Aufschluß über die Lage und die Größe der Gebäude geben. Nach der Christianisierung wurde an dieser Stelle im Auftrag Wladimirs die Zehntkirche errichtet, die ihren Namen der Legende verdankt, daß der Fürst den zehnten Teil seiner Einküfte für den Bau und den Unterhalt der Kirche bereitgestellt habe. Bis zur Errichtung der Kirche befanden sich auf dem Gipfel des Hügels das heidnische Hauptheiligtum und der fürstliche Palastkomplex. Die Archäologen haben die Grundrisse von insgesamt sechs Einzelgebäuden identifiziert, welche man für Überreste der Palastanlage hält.

Lange Zeit blieb der älteste dieser Paläste, der in den schriftlichen Quellen oft genannt wird, der sogenannte Palast der Fürstin Olga, unauffindbar. Erstmals unter dem Jahr 945 wird diese Palastanlage erwähnt: »... und außerhalb der Stadt lag noch ein zweiter Fürstenhof, wo jetzt der Hof des Domestikos liegt, hinter der Kirche der Heiligen Gottesmutter oberhalb der Anhöhe. Das war der Teremhof, und der Terem war aus Stein.«[109] In späteren Jahren wird dieser Terem – man muß sich darunter so etwas wie einen runden Wohnturm vorstellen – noch mehrfach erwähnt. Hier wurden von Olga feierlich die Gesandtschaften fremder Herrscher empfangen. Vom Terem aus sah die Fürstin zu, wie die Mörder Igors einen grausamen

Tod starben. Im Terem war es auch – wie die Chronik ausdrücklich hervorhebt –, wo Jaropolk von seinem treulosen Gefolgsmann Blud in die Falle gelockt und hinterrücks ermordet wurde.

So war die Entdeckung des Palastes während der Ausgrabungen der Jahre 1970 bis 1972 eine echte archäologische Sensation. Aufschluß über das Alter des Bauwerks lieferte eine Analyse des Lehmmörtels, der beim Bau des Fundamentes verwendet worden war. Für den sichersten Hinweis, daß es sich um einen fürstlichen Palast gehandelt habe, hält man die Tatsache, daß die schweren Feldsteine nicht aus der Gegend von Kiew stammen, sondern von weit her herbeigeschafft worden sind. Man hat die interessante Vermutung geäußert, daß alle fremden Kaufleute, die mit ihren Fuhrwerken oder Schiffen in die Stadt kamen, einen solchen Felsbrocken mitbringen und als eine Art Wegezoll am Stadtrand von Kiew abliefern mußten.

Im Verlauf der Ausgrabungen stellte sich heraus, daß das Gebäude tatsächlich rund gewesen war. Sein Innendurchmesser betrug 14,50 Meter. Die Fundamentwälle waren bis zu 1,70 Meter stark, was darauf schließen läßt, daß das Gebäude zumindest zweistöckig war. Nur das Fundament war aus Feldsteinen gefügt. Für die Mauern wurden Ziegel verwendet. Es handelte sich dabei um schlecht gebrannte Tonwürfel, die sich mit dem Messer schneiden ließen, wenn sie feucht wurden. Deshalb verstärkten die Erbauer des Palastes die Mauern durch massive steinerne Abstützungen, die dem gesamten Bauwerk festen Halt gaben. Die zweite Etage bestand aus Holz und war möglicherweise mit einer Galerie umgeben. Beeindruckend muß auch die Innenausstattung des Palastes gewesen sein. Die Wände waren mit in zarten Farben gemalten Fresken bedeckt, von denen man während der Ausgrabung einige Splitter konservieren konnte. Der

Fußboden war mit einem Keramikmosaik ausgelegt, in dem kräftige gelbe, kirschrote und grüne Farbtöne vorherrschten.

Nach Abschluß der Ausgrabungen wurden die Fundamentreste in die Gestaltung der Parkanlage auf dem Altkiewer Berg einbezogen. Man hat von hier einen ähnlich wundervollen Blick über den Dnepr wie vom unweit gelegenen Wladimirhügel. Man kann sich vorstellen, daß hier Fürst Wladimir mit seinen Gefolgsleuten tafelte und die Gesandten empfing, die ausgeschickt worden waren, um in Byzanz, bei den Chazaren und den Wolgabulgaren die Vor- und Nachteile der einzelnen Religionen zu prüfen. Hier fällte er im Kreise seiner Berater möglicherweise die Entscheidung, seine Truppen dem in Bedrängnis geratenen byzantinischen Kaiser zur Verfügung zu stellen und sich um die Hand der purpurgeborenen Kaisertochter Anna zu bewerben. Wenn dem so war, so fielen hier die Würfel in der das Schicksal Rußlands bestimmenden Frage, ob man die Taufe nach griechischem Ritus empfangen solle. Daß sich diese historischen Szenen, die wir aus der Nestorchronik kennen, tatsächlich in jenem Terem auf dem Altkiewer Berg abgespielt haben, ist natürlich nur eine Vermutung. Jedoch allein schon die Möglichkeit läßt die Bemerkung einer ukrainischen Tageszeitung anläßlich der archäologischen Entdeckung gerechtfertigt erscheinen, jener Berg hätte für Rußland eine ähnliche historische Bedeutung wie der Kapitolinische Hügel für das Römische Imperium.[110]

## Der Fürst

In der Nestorchronik finden wir für die Zeit der ersten Herrschaftsjahre Wladimirs verhältnismäßig wenig historisch glaubhafte Nachrichten, die uns Aufschluß geben könnten über die Sozial- und Wirtschaftsstruktur oder die Funktionsweise der politischen Macht. Statt dessen berichtet der Chronist ausführlich und detailreich über den sündhaften Lebenswandel des jugendlichen Herrschers und im Zusammenhang damit über den verabscheuungswürdigen Götzendienst. Die Motive des Chronisten, die Jugendsünden seines Helden so schonungslos preiszugeben, liegen auf der Hand: Je düsterer das Bild des ungetauften, heidnischen Wladimir ist, desto heller erstrahlt die Tugend des durch die Taufe geläuterten christlichen Herrschers. Der fromme Mönch, der in seiner weltabgeschiedenen Klosterzelle rund hundert Jahre nach Wladimirs Tod dessen moralische Verfehlungen in harten Worten geißelt, folgt dabei einem hagiographischen Grundschema. Mehr noch als irgendwo sonst in der Chronik muß deshalb bei jeder hier überlieferten Nachricht die Frage nach der historischen Zuverlässigkeit gestellt werden. Das Ergebnis einer solchen strengen Quellenkritik ist freilich für den Biographen etwas entmutigend. Gerade dort, wo uns in der Chronik ein wirklicher Mensch aus Fleisch und Blut entgegenzutreten scheint, erweist sich solche Lebendigkeit als trügerisch.

Doch folgen wir dem Bericht der Chronik und beginnen mit jener oben erwähnten, aber zunächst ausgesparten Episode von der Brautfahrt nach Polock im Jahre 980. Wir erinnern uns, daß sich Wladimir, nachdem er kampflos Nowgorod eingenommen hatte, anschickte, zum Krieg gegen seinen in Kiew residierenden Bruder Jaropolk zu rüsten. Bevor die Chronik zur Schilderung des Entscheidungskampfes zwischen Wladimir und Jaropolk kommt, erzählt sie uns die Legende von der Werbung Wladimirs um die stolze Fürstentochter Rogneda.

Wladimir schickte der Erzählung der Chronik zufolge eine Botschaft an den Fürsten von Polock, einen Normannen namens Rogvolod. Er ließ ihm kurz und bündig mitteilen: »Ich will deine Tochter zur Frau nehmen.«[111] Rogvolod fragte seine Tochter: »Willst du Wladimir zum Mann?« Sie antwortete: »Einer Sklavin Sohn will ich nicht den Schuhriemen lösen, aber Jaropolk will ich.«[112] Wladimirs Brautwerber kehrten also unverrichteterdinge nach Nowgorod zurück und berichteten ihrem Fürsten von der kränkenden Zurückweisung durch die stolze Fürstentochter. Der war aber nicht der Mann, eine solche Beleidigung ungesühnt hinzunehmen. Er »sammelte ein großes Heer, Waräger und Slowenen und Tschuden und Kriwitschen, und zog gegen Rogvolod. Zu der Zeit wollte man Rogneda dem Jaropolk zuführen. Und Wladimir kam nach Polock, tötete Rogvolod und seine beiden Söhne, und seine Tochter Rogneda nahm er zum Weibe.«[113]

Über das weitere Schicksal Rognedas weiß die Nestorchronik nichts Wichtiges mehr mitzuteilen. Sie taucht noch einmal in der Aufzählung der Frauen Wladimirs auf. Dort wird hinzugefügt, sie hätte ihm vier Söhne und zwei Töchter geboren. Die Namen der Söhne lauten Isjaslaw, Mstislaw, Jaroslaw und Wsewolod; die Namen der beiden Töchter nennt die Chronik nicht.[114] Im Jahre 1000 vermeldet die Chronik kommentarlos den Tod der Fürstin. Es wird lediglich angemerkt, sie sei die Mutter Jaroslaws gewesen.[115] Der Chronist hält dies für hervorhebenswert, da es sich hier um jenen Jaroslaw handelt, der nach dem Tode Wladimirs im Jahre 1015 den Kiewer Thron bestieg und als Jaroslaw der Weise in die Geschichte einging.

Wie schon erwähnt, wurde die zitierte Episode von der gewaltsamen Heimführung Rognedas ohne Rücksicht auf die Chronologie und den inneren Zusammenhang der Erzählung in die Chronik eingeführt. Betrachtet man den Text der Chronik, sind die Bruchstellen zwischen Geschichte und Sage noch leicht zu erkennen. Dem Chronisten stand augenscheinlich die dramatische Legende von der stolzen Jungfrau Rogneda zur Verfügung, und er fand keinen besseren Platz als hier, um diese anzubringen.

Bei genauer Betrachtung der Sage fällt auf, daß es sich hier um einen Torso handeln muß. Die innere Dynamik des Stoffes kann es eigentlich nicht beim gewaltsamen Raub der stolzen Jungfrau bewenden lassen. Der tragische Konflikt muß den Gesetzen der Heldenepik zufolge einer Lösung zugeführt werden. Wie soll Rogneda, die dem Sohn einer Magd nicht die Schuhe lösen will und sich nicht scheut, den mächtigen russischen Fürsten durch eine brüske Zurückweisung tief zu verletzen, sich nach der Ermordung ihres Vaters, ihrer Brüder und ihres Verlobten widerstandslos der Gewalt jenes Mannes fügen, der ihre Familie ausgelöscht hat? Die Gesetze der Blutrache fordern von Rogneda Vergeltung am Mörder ihrer Sippe und Schänder ihrer Ehre, selbst wenn der inzwischen ihr Gatte geworden ist.

Möglicherweise wollte der Chronist nicht den Ereignissen vorauseilen und fand später keine passende Stelle mehr, die Geschichte von der Rache in den Gang der Erzählung einzufügen. Daß es eine Fortsetzung der Sage vom Raub der Rogneda gegeben hat, ist mehr als nur eine vage Vermutung. In einer der Fortsetzungen der altrussischen Chronik, wie sie die Handschrift der Laurentiuschronik bietet, finden wir die gleiche Sage in vollständiger und erweiterter Gestalt. Sub anno 1128 berichtet die im 14. Jahrhundert niedergeschriebene Handschrift: »Als Rogvolod über das Polozker Land als Fürst herrschte und Wladimir in Nowgorod seinen Sitz hatte, ... und als Wladimir noch sehr jung und noch Heide war, war bei ihm sein Onkel Dobrynja als Wojewode, ein kühner und umsichtiger Mann. Dieser schickte zu Rogvolod und ließ für Wladimir um seine Tochter werben. Der sagte zu seiner Tochter: ›Willst du Wladimirs Frau werden?‹ Sie antwortete: ›Ich will nicht einer Sklavin Sohn die Schuhriemen lösen, sondern ich will Jaropolk.‹ Denn Rogvolod war von jenseits des Meeres gekommen und hatte Polozk als sein eigenes Herrschaftsgebiet. Als Wladimir das erfuhr, wurde er sehr wütend über die Wendung: ›Ich will nicht die Frau des Sohnes einer Sklavin werden.‹ Auch Dobrynja war aufgebracht und erbost. Sie sammelten ein Heer und zogen vor Polozk und schlugen Rogvolod. Rogvolod floh in die Stadt, da griffen sie die Stadt an und nahmen die Stadt. Fürst Rogvolod selbst, seine Frau und seine Tochter gerieten in Gefangenschaft, und Dobrynja schmähte ihn und seine Tochter, indem er sie die Tochter eines Sklaven nannte, und er stachelte Wladimir an, sie vor ihrem Vater und ihrer Mutter zu nehmen. Dann erschlug er (Wladimir) ihren Vater und nahm sie selbst zur Frau. Nun nannte man sie Gorislawa. Sie gebar Isjaslaw. Danach nahm er noch viele andere Frauen und begann sie zu vernachlässigen. Als er ihr einmal beigelegen hatte und eingeschlafen war, wollte sie ihn mit einem Messer erstechen. Er wurde zufällig wach und ergriff sie bei der Hand. Sie sagte: ›Ich bin traurig, weil du um meinetwillen meinen Vater erschlagen hast und sein Land verheert, und nun liebst du mich mit meinem kleinen Kind nicht mehr.‹ Da befahl er ihr, allen Herrschaftsprunk anzulegen, gleichsam wie zum Tage der Hochzeit, und sich auf ein festlich geschmücktes Bett zu setzen. Dann werde er in das Zimmer treten und sie erschlagen. Sie tat so, gab aber ihrem Sohn Isjaslaw ein Schwert in die Hand und sagte zu ihm: ›Wenn dein Vater hereinkommt, dann tritt hervor und sage: ‚Vater, glaubst du etwa, daß du allein hier bist?‘‹ (So geschah es.) Wladimir sagte: ›Wer hätte dich hier vermutet?‹ und warf sein Schwert weg. Darauf rief er seine Bojaren zusammen und erzählte es ihnen. Sie sagten: ›Erschlage sie nicht um dieses Kindes willen, sondern richte ihr ein Erbteil ein und gib es ihr mit ihrem Sohn!‹ Da ließ

Wladimir eine Stadt erbauen und vermachte sie den beiden und nannte die Stadt Isjaslawl ...«[116]

Zu einzelnen Aspekten dieser Sagenerzählung hat sich die quellenkritische Forschung verschiedentlich geäußert. A. A. Schachmatow, einer der solidesten Kenner der russischen Chronistik, hat überzeugend gezeigt, daß die Sage, wie sie im 14. Jahrhundert in der hier zitierten Gestalt niedergeschrieben wurde, zumindest in den Grundzügen schon dem Verfasser der ältesten Teile der Chronik bekannt gewesen sein mußte.[117] Es handelt sich also mit Sicherheit nicht um eine dichterische Weiterentwicklung der Legende von 980, sondern um eine vollständige und literarisch ausgeschmückte Variante der gleichen Sage.

Auch in der mündlich tradierten Volksepik, den sogenannten Bylinen, taucht das Motiv der Brautwerbung durch einen Stellvertreter auf, wobei die Sage in ganz ähnlicher Weise mit der historischen Gestalt Wladimirs verknüpft wird: Fürst Wladimir sitzt wie stets zum Beginn der Bylinen aus jenem Sagenkreis inmitten seiner Gefolgschaft beim Gastmahl und hört sie prahlen mit ihrer Kraft, ihren Schätzen und ihren jungen und schönen Frauen. Da erfaßt den Fürsten Unruhe, und er wendet sich an die versammelten Bojaren, Recken und Kaufleute:

»Die schönen Mädchen sind alle verehelicht,
Ich allein, Fürst Wladimir, lebe hier,
Lebe hier unverheiratet, bin wohl unverehelicht.
Würde doch jemand von euch, würde er mir eine Braut finden,
Eine Braut finden, ein schönes Mädchen,
Daß ihr Gang sei nach Pfauenart,
Ihre Rede leise nach Schwanenart,
Ihre Brauen wohl wie schwarzer Zobel,
Wie schwarzer Zobel, sibirischer,
Ihre klaren Augen, wie beim lichten Falken,

Wie beim lichten Falken, beim überseeischen,
Ihr Gesicht wohl wie weißer Neuschnee,
Ihre Wangen im Gesicht wie roter Mohn,
Daß sie stattlich sei von Gestalt und klug an Verstand,
Daß da wäre, vor dem man sich verneigen kann,
Daß da wäre, dem man gehorchen kann,
Daß da wäre, das ich Fürstin nennen könnte?«[118]

Doch keiner der anwesenden Gäste fühlt sich in der Lage, dem Herrscher eine Braut herbeizuschaffen, die solch hohen Ansprüchen genügen könnte. Schließlich tritt Dunaj Iwanowitsch hervor und erzählt Wladimir von der Königstochter Apraxija. Wladimir bietet Dunaj seine Streitmacht und sein Gold an, soviel er immer benötige, um Apraxija für ihn heimzuführen. Dunaj aber meint: »Mit reichem Goldschatz werde ich sie nicht kaufen können«, und er erbittet von Wladimir zwei Wahlbrüder – Dobrynja Nikititsch und Aljoscha Popensohn. Die drei reiten los und gelangen zum König im Lachower Land.

»Spricht da der König die Worte:
›Willkommen, Dunaj Iwanowitsch!
Weswegen bist du gekommen, weswegen zu uns hergeritten?‹
...
Spricht zu ihm da Dunaj die Worte:
›Bin nicht gekommen, dir zu dienen nach Treu und Glauben,
Nicht als Gesandter bin ich zu dir gesandt,
Gekommen, hergeritten bin ich zu dir, als Brautwerber zu werben,
Für meine schöne Sonne,
Für den Fürsten, für Wladimir.‹
Er goß ihm ein einen Becher grünen Weines,
Des grünen Weines anderthalb Eimer;
Es trank ihn aus Dunaj in einem Zuge.

Er goß ihm ein des berauschenden Bieres;
Trank es aus Dunaj in einem Zuge.
Und da wurde Dunaj sehr fröhlich und heiter.
Sprach zum König zum zweiten Mal,
Sprach zum König zum dritten Mal:
›Gib nur, gib nur, du lachischer König,
Gib sie doch her, deine geliebte Tochter,
Apraxija, die Königstochter,
Für unsere schöne Sonne,
Für unseren Fürsten Wladimir!‹
Spricht da der König, der lachische:
›Ich gebe nicht Apraxija, die Königstochter:
Er, Fürst Wladimir, herrscht über Misthaufen;
Und noch habe ich gehört von eurem Fürsten Wladimir:
Weiß ist er, wie Ruß am Kessel.‹«

Diese Beleidigung kann Dunaj nicht auf seinem Herrn sitzenlassen. Sein »Heldenherz wallt auf« in gerechtem Zorn, er ergreift einen der Anwesenden an den Beinen und schleudert ihn um sich, daß die Gefolgsleute des Lachenkönigs reihenweise zu Boden stürzen. Auch seine beiden Gefährten, Dobrynja und Aljoscha Popensohn, eilen herbei und greifen ungesäumt ins Geschehen ein. »Sie begannen niederzuschlagen alt und jung«, und der König verkriecht sich unter dem Tisch. Er bekommt es nun mit der Angst zu tun und liefert ohne weiteres Gerede seine Tochter den rabiaten Brautwerbern Wladimirs aus. Apraxija ist darob hocherfreut und wirft sich Dunaj in die Arme. Der nimmt sie bei der Hand, und alle zusammen reiten nach Kiew zurück:

»Und sie kamen nach der schönen Stadt Kiew.
Und da ließen sich trauen Wladimir und Apraxija
Und es begann bei ihnen vor Freude ein festliches Gastmahl,
Ein festliches Gastmahl wohl für alle Welt,

Für die Fürsten und für die Bojaren,
Und für die starken gewaltigen Recken,
Und für die drei Kreuzesbrüder:
Für den Dunaj Iwanowitsch,
Für Dobrynja Nikititsch
Und für Aljoscha Popensohn.«

Auf geheimnisvollen Wegen wandert das Brautwerbermotiv durch die Weltliteratur.[119] Zweifellos ist es denkbar, daß gleiche oder ähnliche literarische Motive auch unabhängig voneinander entstanden sein können. Doch gibt es immer wieder Parallelen, die nur durch Entlehnungen erklärbar sind, die von der Märchenwelt des Orients bis in die germanischen Heldensagen und die altnordischen Skaldenlieder reichen. Im vorliegenden Falle scheinen wir vor einem solchen komplizierten Netz von Beziehungen zu stehen. Denn sowohl das Brautwerbermotiv im weiteren Sinne als auch das Motiv von der Rache in der Brautnacht treffen wir in der deutschen und nordischen Heldensage an. Beide Motive haben im Nibelungenlied um 1200 ihre literarische Ausformung erhalten.[120] Die Nibelungenforschung geht davon aus, daß das russische Brautwerbermärchen zu den Quellen des Nibelungenliedes gehört. Doch wir betreten damit einen Irrgarten von Vermutungen und Hypothesen, der uns allzuweit von der eigentlichen Thematik fortführt.

Kehren wir auf den wenigstens einigermaßen gesicherten Boden der Nestorchronik und in das Jahr 980 zurück. Nachdem Jaropolk ermordet worden war, so berichtet die Chronik, »... beschlief er (Wladimir) das Weib seines Bruders, die Griechin, und sie ward schwanger«.[121] Die Witwe Jaropolks, die der Chronist die »Griechin« nennt, war eine byzantinische Nonne gewesen, die den Russen auf einem ihrer Feldzüge in die Hände gefallen war. Swjatoslaw hatte sie wegen »der Schönheit ihres Antlitzes«

nach Hause mitgebracht und seinem Sohn Jaropolk geschenkt.[122] Nun wechselte die Beute zum zweitenmal den Besitzer. Die »Griechin« – wir kennen ihren Namen nicht – gehörte jetzt zu den Frauen Wladimirs; sie gebar ihm einen Sohn namens Swjatopolk.

An die Geburt Swjatopolks knüpft der Autor der Chronik folgende Sentenz: »... denn aus sündiger Wurzel kommt böse Frucht; seine Mutter war ja eine Nonne, und zweitens beschlief Wladimir sie außer der Ehe; er war also der Sohn einer Ehebrecherin; und deswegen liebte ihn der Vater nicht, stammte er doch von zwei Vätern, von Jaropolk und von Wladimir.«[123] Zur Erklärung der moralischen Rigorosität des frommen Chronisten muß gesagt werden, daß jenem Swjatopolk in der russischen Chronik die Rolle des Übeltäters zugewiesen wird. Auf seinen Befehl hin wurden Boris und Gleb ermordet, als nach dem Tode Wladimirs unter den Söhnen des Großfürsten ein gnadenloser Machtkampf ausbrach.

Stender-Petersen hält auch diesen Chronikbericht für eine fragmentarische Version des Sagenmotivs von der Rache der gewaltsam entführten Braut.[124] Er verweist auf das Auftreten des Motivs in der antiken, byzantinischen und altnordischen Literatur und führt eine weitere Variante aus dem ostslawischen Bereich an, die ganz deutlich Parallelen zu den beiden Chronikberichten von 980 und 1128 zeigt.[125] Es handelt sich dabei um die »Korsuner Legende«, einen Bericht über die Eroberung von Korsun (Cherson) durch Wladimir im Jahre 988. Der historische Hintergrund dieses Ereignisses, das der Taufe und der Heirat mit der byzantinischen Prinzessin Anna unmittelbar vorausging, wird im gegebenen Zusammenhang ausführlich behandelt werden. Zunächst soll uns lediglich das Sagenmotiv interessieren. Die entsprechende Textstelle der »Korsuner Legende«, die zu Beginn unseres Jahrhunderts von Schachmatow ediert wurde, lautet:

»Wladimir sandte seinen Wojewoden Oleg zum König von Korsun, um dessen Tochter zu freien. Der König von Korsun aber verlachte ihn: was falle dem Heiden ein! Da versammelte Wladimir seine Ratgeber, Wojewoden und Waräger … und zog gegen Korsun. Er belagerte die Stadt und lag sechs Monate vor ihr … Drei Monate darauf nahm er die Stadt ein. Der König und die Königin von Korsun wurden gefangengenommen, ihre Tochter aber nahm er zu sich ins Zelt. Er ließ den König und die Königin an den Zeltpfahl binden und betrieb Unzucht mit ihrer Tochter vor ihren Augen. Drei Tage darauf ließ er den König und die Königin töten, ihre Tochter aber schenkte er seinem Berater Sigbjorn mit vielem Gut und machte ihn zu seinem Statthalter in Korsun.«[126]

Hier verbinden sich die Überlieferung von der Heirat Wladimirs mit der byzantinischen Kaisertochter Anna – die Hochzeit und die Taufe fanden der Nestorchronik zufolge in Korsun statt – und die Sage von der gewaltsamen Entführung und Demütigung der stolzen und abweisenden Fürstentochter. Dabei tritt das Motiv der Vergewaltigung noch krasser in den Vordergrund und erhält durch das anschließende Verschenken der vergewaltigten Königstochter eine besonders brutale Note. Dadurch fällt aber auch die dramatische Schlußpointe weg, wie wir sie in der Version der Laurentiuschronik sub anno 1128 finden. Der tragische Konflikt ergibt sich ja dort aus der Tatsache, daß der Mörder des Vaters und der Brüder gleichzeitig der Ehegatte ist. Ohne diesen Widerspruch zwischen dem Gesetz der Blutrache und der Unterwürfigkeitspflicht gegenüber dem Ehegatten verliert die Sage jede innere Dynamik, so daß die Frage berechtigt ist, ob es sich hier tatsächlich um den gleichen Sagenstoff oder nur um thematisch ähnlich gelagerte Erzählungen handelt. Auf der anderen Seite sind verschiedene Einzelzüge – wie die Vergewaltigung vor den Augen der Eltern und deren anschließende Ermordung – so auffallend analog, daß die Verwandtschaft der Legenden schwer zu bestreiten ist.

Wenn aller Gelehrsamkeit zum Trotz die genetischen Abhängigkeiten der verschiedenen Sagenvarianten nicht aufgehellt werden können, so hat das seine Ursache nicht zuletzt darin, daß die Motive der Wirklichkeit entlehnt sind. Sie widerspiegeln ein Stück Denk- und Verhaltensweise der fürstlichen Krieger und Gefolgsleute, können also an unterschiedlichen Orten und zu unterschiedlichen Zeiten unabhängig voneinander entstanden sein. Ähnliche Sagenmotive müssen nicht immer Resultat von stofflichen Entlehnungen, sie können auch Ausdruck ähnlicher Verhältnisse sein. In den Heldengesängen der verschiedensten Völker – von den Homerischen Epen bis zu den isländischen Sagas – spielen Frauenraub, gewaltsame Entführungen, Vergewaltigungen und Verkauf von Frauen in die Sklaverei oft eine zentrale Rolle.[127] Wir dürfen also vermuten, daß in der Rus des 10. Jahrhunderts ähnliche Gepflogenheiten herrschten. Das Recht der Sieger auf die Frauen der Unterworfenen gehörte zu den Selbstverständlichkeiten des Kriegsalltags. Sie wurden nach Beendigung eines erfolgreichen Raubzugs zusammen mit der anderen Beute an die Krieger entsprechend deren Rang verteilt. Die meisten der Frauen wurden weggeschleppt, um die Sklavenmärkte des Mittelmeergebiets und des Orients zu versorgen. Aber sicher war es nicht ungewöhnlich, daß eine von ihnen dem Gefolgschaftsführer oder dem Fürsten ins Auge stach und er sie für sich behalten wollte. Daß der russische Fürst Swjatoslaw seinem Sohn eine geraubte griechische Nonne vom Feldzug mit nach Hause brachte; daß Wladimir mit Gewalt die Tochter des Fürsten von Polock wegführte, nachdem er ihren Vater und ihre Brüder getötet hatte; daß nach der Eroberung von Korsun die Tochter des dortigen Statthalters – einen König hatte die byzantinische Provinzstadt natürlich nicht – vergewaltigt wurde und der hochmütige Byzantiner zu seiner Demütigung dies mit ansehen mußte, bevor man ihn umbrachte – unwahrscheinlich ist dies alles nicht, sei es im einzelnen Legende oder historische Tatsache.

So interessant es also ist, das Knäuel der verschiedenen Überlieferungsstränge zu entwirren und nach den Regeln philologischer Textkritik hypothetische Archetypen und Stammbäume zu rekonstruieren, ist es mindestens ebenso interessant, das Material der Sagen und Legenden als Spiegelbild gesellschaftlicher Realität zu akzeptieren und unter sozialpsychologischem Aspekt zu betrachten. Offenbar existierte zu der Zeit, als die Nestorchronik aus unterschiedlichen Quellen zusammengefügt wurde – also etwa zu Beginn des 12. Jahrhunderts –, immer noch eine reiche Überlieferung solcher Sagen, Erzählungen und Anekdoten. Gepflegt wurde dieses Genre wahrscheinlich im Milieu der Krieger und Handelsleute, speziell der fürstlichen Gefolgschaft, wo man sich bei Gelagen zusammenfand und mit tatsächlichen oder erdachten Kriegsabenteuern renommierte, während man sich mit Bier und Met berauschte. Ein ferner Nachhall dieses Milieus findet sich in der russischen Volksepik, den Bylinen, deren Handlung zum Teil auf Wladimirs Gelagen in Kiew beginnt. Wenn die Helden der Erzählung dort eimerweise Wein, Bier und Met »in einem Zug« hinunterstürzen und sich gegenseitig in Prahlereien überbieten, so ist das auf der einen Seite kaum mehr als ein stereotyp wiederkehrender literarischer Topos, auf der anderen Seite jedoch auch Ausdruck eines bestimmten Männlichkeitsideals.

Der christliche Chronist des 12. Jahrhunderts griff, wo es ihm angemessen erschien, auf dieses Reservoir von Anekdoten und Legenden zurück. Allerdings hatte sich die Erzählperspektive geändert. Was dem rohen Kriegsgesellen der heidnischen Zeit als rühmenswerte Tat erschien, mußte dem christlichen Autor verwerflich erscheinen; es paßte nicht recht zur Glorifizierung und ideologischen Legitimation des russischen Herrscherhauses. Gerade bei Wladimir aber stimmte manche der überlieferten Geschichten gut mit dem hagiographischen Denkmuster überein, dessen Quintessenz lautete: je größer die Sündhaftigkeit Wladimirs vor der Läuterung, desto erstaunlicher das Wunder Gottes. So kommt es, daß die Chronik viele aufschlußreiche Details berichtet, die sie sonst möglicherweise verschwiegen hätte.

»Wladimir aber war von Begierde zum Weibe besiegt«, weiß die Nestorchronik zu berichten, »... und er ward nicht satt der Hurerei, nahm sich Weiber anderer Männer und schändete Jungfrauen.«[128] Sogar die genaue Zahl der Konkubinen des Großfürsten übermittelt uns der fromme Chronist – es waren, abgesehen von seinen fünf angetrauten Hauptfrauen, achthundert Beischläferinnen: »... dreihundert in Berestow, in dem Dorf, das jetzt Berestowoje heißt«.[129] Wo ist hier die Grenze zwischen Legende und historischer Wahrheit? Handelt es sich bei solchen Erzählungen lediglich um literarische Gemeinplätze, die der Chronist der christlichen und antiken Literatur entlehnt hat, oder vermitteln solche Berichte eine, wie auch immer verzerrte, geschichtliche Realität?

Auf den Bericht über den sündhaften Lebenswandel Wladimirs läßt der Chronist einen Vergleich mit dem biblischen König Salomo folgen und knüpft daran ausgedehnte moralische Erörterungen: »Salomo nämlich hatte, wie es heißt, siebenhundert Frauen und dreihundert Beischläferinnen. Er war weise, ging aber am Ende doch zugrunde; dieser aber (Wladimir – Anm. d. Verf.) war töricht und fand am Ende das Heil ... Denn böse ist die Verlockung der Frauen, so wie Salomo, nachdem er Buße getan, von den Frauen sagte: ›Höre nicht auf ein böses

Weib, denn Honig tropft von ihrem, der Buhlerin, Mund; eine Zeitlang versüßt sie deine Kehle, aber hernach wirst du es bitterer denn Galle finden! Die sich an sie hängen, bringt sie durch den Tod in die Hölle...‹«[130] Es folgt die Schilderung eines weiblichen Ideals, das der fromme Klosterbruder ebenfalls dem Buch der Sprüche Salomos entlehnt hat.

Der Rückgriff auf die biblische Geschichte vom König Salomo scheint die Vermutung zu bestätigen, daß es sich bei den Berichten über Wladimirs sündhaftes Treiben tatsächlich nur um das Auffüllen von vorgeprägten Handlungsmustern mit sprachlichen Stereotypen handelt. Jedoch sollte man den Chronikbericht nicht vorschnell in den Bereich der reinen Erfindung verweisen.

Wir sind nämlich in diesem Punkt nicht allein auf Hypothesen und Analogien angewiesen, sondern verfügen über einen Zeitzeugen, der einen lebensnahen und detailreichen Reisebericht über die Rus des 10. Jahrhunderts hinterlassen hat. Es handelt sich um den Araber Ibn Fadlan, der wahrscheinlich in den Jahren 921 bis 922 als Sekretär einer Gesandtschaft des Kalifen von Bagdad bei den moslemischen Wolgabulgaren weilte. Dort sammelte er geographische und ethnographische Nachrichten über die Länder und Völker des Nordens. Man hat Ibn Fadlan, dessen Werk nur in späteren Kompilationen erhalten ist, der Unzuverlässigkeit und Lügenhaftigkeit bezichtigt. Der türkische Philologe A. Zeki Validi Togan, der 1939 Ibn Fadlans Reisebericht in deutscher Übersetzung veröffentlichte, hat ihn jedoch gegen solche Vorwürfe in Schutz genommen: »Um die lakonische, aber glänzende Beschreibung der Länder, die bewundernswerte Aufmerksamkeit und Beobachtungsgabe in der Beschreibung der Sitten und Gebräuche fremder Völker bis ins kleinste Detail könnten ihn, einen Araber des 10. Jahrhunderts, in mancher Hinsicht viele von den gegenwärtigen Reisenden ... beneiden. Er beschreibt die Sitten vollkommen sachlich, ohne ausschmückende Darstellung, gelehrte Bemerkung oder Vergleichung. Er gibt uns nur das, was er in dem Moment, als er es niederschrieb, gesehen oder gehört hat...«[131]

Ibn Fadlan schreibt nun über die Verhältnisse am russischen Fürstenhof: »Es ist ein Brauch der Könige der Rus, daß sich bei ihm in seinem Palast vierhundert Männer von den Helden seines Gefolges und seiner Vertrauten befinden ... Jeder von ihnen hat ein Mädchen, welches ihn bedient, seinen Kopf wäscht, ihm bereitstellt, was er ißt und trinkt, und noch ein anderes Mädchen, das er für seinen Beischlaf hält. Diese vierhundert Männer sitzen unter seinem Thron, und sein Thron ist groß und mit schönen Edelsteinen geschmückt. Bei ihm, dem König, auf dem Hochsitze sitzen vierzig Mädchen, die für sein Bett bestimmt sind. Er begattet zuweilen eines von diesen Mädchen in Gegenwart seines Gefolges, das wir erwähnt haben, und steigt dabei von seinem Thron nicht herunter. Will er seine Notdurft befriedigen, so tut er es in einem Becken. Wenn er ausreitet, so führen sie sein Pferd an den Thron heran, von wo aus er es besteigt; will er absteigen, so treibt er sein Pferd so nahe an den Thron, daß er auf ihm, dem Hochsitz, absteigen kann.«[132]

Ein anderer arabischer Geograph, dessen Werk auf verschiedenen, heute teilweise verschollenen Reiseberichten beruht,[133] fügt an eine ähnlich lautende Passage, die offenbar Ibn Fadlan entlehnt ist, die Bemerkung an: »Er (der russische König – Anm. d. Verf.) hat keine andere Beschäftigung außer den Frauen beizuwohnen, Wein zu trinken und sich zu vergnügen.«[134]

Vor diesem Hintergrund gewinnen auch einige Randbemerkungen aus der Chronik des Bischofs Thietmar von Merseburg Gewicht. Thietmar, ein Zeitgenosse Wladimirs – er lebte von 975 bis 1018 –, war über die Verhältnisse in Kiew bemerkenswert gut informiert; er liefert in seiner Chronik den längsten zusammenhängenden Bericht über Rußland in der mittelalterlichen deutschen Chronistik. Aber er war auf den »Rex Ruscorum Wlodemir« aus verschiedenen Gründen nicht gut zu sprechen,[135] so daß man die Bemerkungen über dessen unzüchtige Lebensweise getrost unter den üblichen polemischen Gemeinplätzen verbuchen könnte, wäre da nicht diese auffallende Parallelität. Auf das Drängen seiner Frau nahm, laut Thietmar, der Russenkönig den heiligen Christenglauben an. »Mit Werken der Gerechtigkeit hat er ihn freilich nicht verherrlicht«, heißt es weiter bei Thietmar, »war er doch ein maßloser und grausamer Wüstling und verübte an den weichlichen Griechen schwere Gewalttaten... Zu Unrecht bedeutet des Königs Name ›Macht des Friedens‹. Denn was die Gottlosen untereinander halten..., ist kein wahrer Friede.«[136] Der Bischof von Merseburg vermutet, daß die Seele des kurz zuvor verstorbenen Wladimir inzwischen in den Flammen der Hölle schmore, »denn nach dem Zeugnis unseres Lehrers Paulus richtet Gott die Ehebrecher«.[137]

Interessant ist auch die Übersetzung des Namens »Wladimir« in »potestas pacis« – Macht des Friedens. »Wladj« heißt im Kirchenslawischen Macht und »mir« Frieden – insofern ist die volksetymologische Ableitung zwar nicht präzise, aber auch nicht völlig falsch. M. Vasmer übersetzt den Namen »Wladimir« in seinem Etymologischen Wörterbuch mit »groß in der Herrschaft«.[138] Jedenfalls zeigt die Übersetzung, daß dem Gewährsmann Thietmars die slawische Sprache nicht fremd war – vielleicht war es einer jener dreihundert sächsischen Ritter, die mit dem Polenherzog Bolesław Chrobry im Jahre 1018 gegen Kiew gezogen waren.

Es ist nicht einfach, aus den heterogenen und geographisch weit verstreuten Quellenbelegen über Wladimirs

Persönlichkeit ein vorläufiges Resumé zu ziehen. Doch läßt sich bei aller gebotenen Zurückhaltung festhalten, daß die Glaubwürdigkeit der Nestorchronik durch die auswärtigen Quellen eher gestützt wird. Die Ausführungen der altrussischen Chronik über die frühen Jahre Wladimirs, die man oft für reine Metaphorik gehalten hat, gewinnen so an Gewicht.

# Die Taufe Rußlands (988/989)

## Das christliche Jahrtausend

Zum Ruhme des getauften, von allen Sünden gereinigten, apostelgleichen Wladimir war den mittelalterlichen Hagiographen keine Metapher zu groß, keine Allegorie zu weit hergeholt und keine historische Parallele zu gewagt. Mit besonderer Vorliebe wurden biblische Gestalten in Anspruch genommen: Dem König David und dem Propheten Habakuk wurde Wladimir gleichgesetzt;[139] ein zweiter Moses wurde er genannt, der »dem russischen Land die Erleuchtung gebracht hat«.[140] Metropolit Ilarion stellt ihn in seiner Festhomilie in eine Reihe mit den Aposteln Petrus und Paulus, Johannes von Patmos, mit Thomas, dem legendären Apostel Indiens, und dem Evangelisten Markus, der die christliche Gemeinde zu Alexandria begründete.[141] »... alle Länder und Städte und Völker«, heißt es bei Ilarion weiter, »ehren und rühmen ein jegliches den Lehrer, der es im rechten Glauben unterwiesen hat. Preisen denn auch wir nach unserer Kraft den, der Großes und Wunderbares vollbracht hat, unseren Lehrer ... Wladimir.« Und im »Gedächtnis- und Preiswort auf Wladimir«, das dem Mönch Jakob zugeschrieben wird, heißt es: »Der Fürst Wladimir aber eiferte den Taten und dem Leben der Heiligen nach: er gewann das Leben Abrahams, sein Pilgerleben, lieb, und er ahmte nach: Jakobs Wahrheit, Moses' Sanftmut, Davids Güte.«[142]

Besonders häufig aber kehrt in der altrussischen Literatur der Vergleich mit dem römischen Kaiser Konstantin wieder. »Du Wesensverwandter des großen Konstantin«, huldigt Ilarion seinem Fürsten Wladimir, »gleich ihm verständig, gleich ihm christusliebend, gleich ihm ehrerbietig gegen seine Diener ... Er hat unter den Griechen und Römern das Königtum Gott aufgerichtet; du aber unter den Russen ... Er hat mit seiner Mutter Helena das Kreuz aus Jerusalem geholt, es über sein ganzes Friedensreich hin gesandt und so den Glauben gefestigt; du aber hast mit deiner Großmutter Olga das Kreuz aus dem neuen Jerusalem, aus der Stadt Konstantins gebracht, es über dein ganzes Land hin aufgerichtet und den Glauben befestigt.«[143]

Auch bei dem Mönch Jakob heißt es: »Er folgte der Rechtgläubigkeit Konstantins, des großen Kaisers, des ersten Kaisers der Christenheit.«[144] Und in der Nestorchronik wird anläßlich seines Todes im Jahre 1015 vermerkt: »Dies ist ein neuer Konstantin des großen Rom, der sich und sein Volk taufen ließ: ihm ähnlich hat auch er gehandelt.«[145] Wladimir als »neuen« oder »zweiten Konstantin« zu apostrophieren wurde zu einem gebräuchlichen Topos der mittelalterlichen theologischen Literatur.

Aus welchen Gründen spielte der im Jahre 337 verstorbene spätrömische Imperator Konstantin im mittelalterlichen Geschichtsdenken eine so zentrale Rolle? Immerhin war seither mehr als ein halbes Jahrtausend ins Land gegangen, und von der Größe und Macht des Römischen Reiches dürfte in der Vorstellungswelt der christlichen Autoren der Alten Rus kaum mehr als ein vager Abglanz erhalten geblieben sein. Konstantin ist ja nicht nur der einzige römische Kaiser, an den man sich hier erinnert, sondern neben den biblischen Gestalten überhaupt die einzige geschichtliche Persönlichkeit, die in altrussischen theologischen Schriften auftaucht. Rufen wir uns in aller

Kürze in Erinnerung, was es mit jenem Konstantin auf sich hatte.[146]

Am 28. Oktober 312 standen sich vor den Toren Roms die Legionen zweier rivalisierender Kaiser gegenüber. Maxentius residierte in Rom, sein Gegenspieler Konstantin war von seinen Truppen in der Provinz Britannien zum Cäsar ausgerufen worden. Er kam nun über die Alpen gezogen, um in Rom seine Rechte geltend zu machen. Sobald die Feldherren auf dem Schlachtfeld eintrafen, entbrannte der Kampf. Das Kriegsglück neigte sich schon bald zugunsten von Konstantin. Obwohl die Prätorianer des Maxentius tapfer bis zum letzten Mann kämpften, begannen die Reihen zu wanken. Die Flüchtenden drängten über die Milvische Brücke zurück, diese trug die Last nicht mehr und brach zusammen. Maxentius stürzte in die Fluten des Tiber. Dem Sieger Konstantin öffneten sich die Tore Roms, und jubelnd empfing die Stadt den neuen Kaiser.

Es war nicht der militärische Sieg, der die Schlacht bei der Milvischen Brücke aus der endlosen Folge der Thronwirren und Machtkämpfe der späten Kaiserzeit heraushob und dieses Datum zur Schicksalsstunde der Menschheitsgeschichte machte. An jenem Tag – so will es jedenfalls die Überlieferung – siegte das Christentum über das antike Heidentum. Der christliche Geschichtsschreiber Laktanz berichtet, daß Konstantin in der Nacht vor der Entscheidungsschlacht eine Traumvision hatte, die ihm gebot, »auf den Schilden seiner Soldaten das himmlische Zeichen Gottes anzubringen und so die Schlacht zu beginnen«.[147] Er tat, wie ihm geheißen, und befahl seinen Legionen, das Christusmonogramm an den Schilden zu befestigen. Dies entschied am nächsten Tag die Schlacht.

Als die Soldaten Konstantins unter dem Zeichen des Gekreuzigten in den Kampf gegen Maxentius zogen, hing ein guter Teil der Reichsbevölkerung bereits dem Christenglauben an. Zwar gab es hartnäckigen Widerstand, insbesondere in Kreisen des senatorischen Adels, und während der kurzen Regierungszeit Julian Apostatas (361 bis 363) sogar den Versuch einer heidnischen Restauration. Trotzdem erscheint die Politik Konstantins, wenigstens in nachträglicher Betrachtung, nur als der Vollzug des ohnehin Unabwendbaren. Spätestens im 3. Jahrhundert vollendete sich die Synthese von Christentum und antiker Kultur. Der Weg, den das 4. Jahrhundert dann in der Folge dreier Generationen zurücklegte, war von daher mit innerer Folgerichtigkeit vorgezeichnet. Am Anfang stand Konstantin, der die Kirche rechtlich sicherte und die Verchristlichung des öffentlichen Lebens einleitete; am Ende Theodosius, der im Jahre 380 in seinem Edikt von Thessalonike »alle Völker des Reiches« auf »die von Apostel Petrus überlieferte Religion« verpflichtete und 391/92 die heidnischen Kulte verbot.

Das Christentum war endgültig zur Reichskirche aufgestiegen. Das Monogramm des jüdischen Wanderpredigers, der ein »Reich nicht von dieser Welt« verkündet (Joh 18, 36) und Vergebung, Sanftmut und Liebe gepredigt hatte, war zum Feldzeichen der römischen Legionen geworden. Das Marterkreuz, an dem nach römischer Rechtspraxis Sklaven und Schwerverbrecher einen qualvollen und schmählichen Tod zu sterben hatten, war zum Symbol des immer noch weltbeherrschenden Imperiums geworden. In geheimen Versammlungen und in engster Gemeinschaft hatten die Gläubigen auf die Wiederkunft des gekreuzigten Heilands und das kommende Weltreich des Friedens gewartet. Sie hatten die Herrlichkeit des Irdischen, die sie umgab, verachtet, das kaiserliche Rom als ein Ungeheuer beargwöhnt und seinen baldigen Untergang prophezeit. Nun war diese Gemeinschaft der Verfolgten, Erniedrigten und Beleidigten zur Staatskirche und die Religion der Armen und Schwachen zur Staatsreligion geworden.

Hieraus ergaben sich Konsequenzen von welthistorischer Tragweite, die ein halbes Jahrtausend später auch Rußlands Schicksal prägen sollten: Das jetzt erst wirklich zum Universalstaat aufgestiegene Imperium Romanum war zum christlichen Reich geworden, zum Verbündeten des Christentums als universaler Religion. Aus dem Ausschließlichkeitsanspruch des Christengottes, der keine anderen Götter neben sich dulden konnte, folgte für das christliche Reich der politische Auftrag zur Missionierung des Erdkreises. Der universale Heilsauftrag ließ keine territoriale Beschränkung zu, er verpflichtete zur Weltgewinnung.

Die Christianisierung machte tatsächlich im Laufe des 4. Jahrhunderts gewaltige Fortschritte. Sie drang über die Reichsgrenzen hinaus ins persische Mesopotamien, nach Arabien und Indien. Armenien und Äthiopien wurden christliche Reiche. Im Laufe der Völkerwanderung übernahmen die ostgermanischen Stämme, die das Reich überfluteten, die christliche Religion.

Historisch noch folgenreicher war aus vielen Gründen ein anderes Ereignis: die Taufe des Merowingerkönigs Chlodwig im Jahre 496. Nicht zufällig wird auch dieser König, wie Wladimir, von den christlichen Chronisten ein »zweiter Konstantin« genannt.[148] Doch dies ist nicht die einzige Parallele zwischen Chlodwig und Wladimir. Auch Chlodwigs Frau, eine Burgunderprinzessin namens Klothilde, war Christin und drängte – dem Bericht des Bischofs Gregor von Tours zufolge – ihren Mann ständig, vom Heidentum abzulassen. Aber selbst als sein Kind erkrankte und durch das Gebet der Mutter zum Heiland auf wunderbare Weise gesundete, konnte dies das verstockte Herz des Königs nicht rühren. Der Christengott mußte auf handfestere Weise seine Überlegenheit über die Heidengötzen beweisen. Und wie bei Konstantin war es auch hier der Beistand Gottes im Schlachtgetümmel, der den letzten Ausschlag gab. »… auf keine Weise konnte er zum Glauben bekehrt werden, bis er endlich einst mit den Alamannen in einen Krieg geriet: da zwang ihn die Not, zu bekennen, was sein Herz vordem verleugnet hatte. Als die beiden Heere zusammenstießen, kam es zu einem gewaltigen Blutbad, und Chlodwigs Heer war nahe daran, völlig vernichtet zu werden. Als er das sah, erhob er seine Augen zum Himmel, sein Herz war gerührt, seine Augen füllten sich mit Tränen, und er sprach: ›Jesus Christ, Klothilde verkündet, du seiest der Sohn des lebendigen Gottes … gewährst du mir jetzt den Sieg über diese meine Feinde … so will ich an dich glauben und mich taufen lassen auf deinen Namen.‹«[149] Kaum hatte er dies ausgesprochen, wandten sich die Alamannen zur Flucht. Chlodwig kehrte heim, erzählte seiner Frau, was geschehen war, und bald schon wurde zur Taufe gerüstet. Diese Taufe des Jahres 496 bietet das Grundschema eines Szenariums, das sich unter wechselnden Konstellationen noch oft wiederholen sollte. Im Laufe der folgenden Jahrhunderte vollzog sich der Siegeszug des Christentums im gesamten europäischen Bereich nördlich der Mittelmeerwelt. Zunächst breitete sich die christliche Religion in den früheren Provinzen des Römischen Reichs aus, in denen durch die Existenz von kleineren Gemeinden der Boden schon bereitet war. Von den Britischen Inseln und vom Frankenreich aus wurde die Mission in den gesamten germanischen Bereich getragen. Im Jahre 966 wurde Polen christlich, einige Jahre zuvor hatte der Christenglauben in Böhmen festen Fuß gefaßt. Im Jahre 996 ließ sich der ungarische König taufen. Im Jahre 1000 beschloß der Allthing auf Island die Annahme des Christentums. Im Jahre 1253 fand der Prozeß der Christianisierung Europas durch die Taufe des litauischen Herrschers Mindaugas seinen Abschluß.

Häufig standen am Beginn der Christianisierung große Herrscherpersönlichkeiten, die mit ihrer eigenen Taufe der noch heidnischen Bevölkerungsmehrheit ein Zeichen setzten: Chlodwig im Merowingerreich, Mieszko I. in Polen, Stephan der Heilige in Ungarn, Zar Boris I. in Bulgarien, Harald Blauzahn in Dänemark, Olaf der Heilige in Norwegen und nicht zuletzt Wladimir in Rußland. Die meisten dieser Herrscher wurden schon im Mittelalter in Legenden und Heiligenviten verherrlicht. Manche von ihnen sind von der Kirche heiliggesprochen worden. Spätestens im vorigen Jahrhundert wurden sie zu Symbolfiguren der nationalromantischen Geschichtslegende.

Es ist kein Zufall, daß sich Wladimir so gut einfügt in diese glanzvolle Galerie historischer Persönlichkeiten. Sie alle trieben mit eiserner Hand, zuweilen nicht gerade wählerisch in ihren Mitteln, den politischen Zentralisierungsprozeß des frühfeudalen Staates voran. Untersucht man die Gründe für die Übernahme des Christentums im einzelnen, so lassen sich – sofern aufgrund der Quellenüberlieferung überhaupt solche Aussagen möglich sind – politischer Pragmatismus und religiöse Motive kaum voneinander trennen. Das Christentum gab diesen Herrschern die Möglichkeit, ihrem in der Regel noch ungefestigten Königtum die sakralen Weihen einer übernationalen, geistig und kulturell hochstehenden Religion zu verleihen. Mit den Stammesgöttern konnten zugleich die Überreste des Stammespartikularismus beseitigt werden. Oft stand die Taufe des Königshauses am Beginn der eigentlichen Entwicklung zur Nation. In allen Fällen bedeutete die Übernahme des Christentums den Anschluß an eine hochentwickelte geistige und materielle Kultur. Sie eröffnete den Zugang zu den zivilisatorischen Errungenschaften der Mittelmeerwelt. Obwohl im römischen Bereich zunächst die lateinische Sprache dominierte, stand das Christentum an der Wiege der eigenständigen Nationalkulturen.

Tausend Jahre nach der nächtlichen Entscheidung Konstantins, das Kreuz, an dem der Messias aus Galiläa gestorben war, zum Feldzeichen zu erheben, herrschte das Zeichen Christi über ganz Europa. So erfüllten sich die prophetischen Worte des Julian Apostata, der einen letzten verzweifelten Versuch unternommen hatte, das Christentum zurückzudrängen und den heidnischen Götterkult wieder mit Leben zu erfüllen; an einer Wunde verblutend, die er im Kampf mit den Persern empfangen hatte, soll er im Sterben gesagt haben: »Du hast doch gesiegt, Galiläer.«

## Die Götter der Ahnen

Die Geschichte wird von den Siegern geschrieben. Alles, was die Größe ihres Sieges schmälern oder gar dessen Legitimität in Frage stellen könnte, wird häufig verschwiegen, verdreht und verfälscht. Das gilt insbesondere, solange sich die Sieger ihrer neuerrungenen Position noch unsicher sind; sie suchen dann die Erinnerung an die Unterlegenen zu tilgen oder diese wenigstens in den Augen der Nachwelt in ein schlechtes Licht zu rücken. Das hat auch der Historiker zu berücksichtigen, der sich der Geschichte der mittelalterlichen christlichen Mission zuwendet. Der Siegeszug des Christentums bei den Germanen, Kelten, Slawen und Balten vom ausgehenden 5. bis zum 13. Jahrhundert wurde ausschließlich von christlicher Seite beschrieben. Der moderne Historiker, der sich verpflichtet weiß, dem Grundsatz der römischen Gerichtspraxis zu folgen, daß jeweils auch die Gegenseite zu hören sei – »audiatur et altera pars« –, trifft hier auf eine fast geschlossene Mauer des Schweigens.

Dies hat seinen Grund darin, daß die Völkerschaften, die seit den Umbrüchen des 4. und 5. Jahrhunderts in den Bannkreis der christlich-antiken Mittelmeerwelt gerieten, bis zu diesem Zeitpunkt noch über keine eigenständige Schriftkultur verfügten. Ihre Mythen und Epen, die Namen ihrer Götter, ihre Stammessagen und ihre Vorstellungen vom Jenseits – all dies wurde mündlich von Generation zu Generation weitergegeben und mußte verlorengehen, als die Schriftkultur in christlichem Gewande zu ihnen kam. Die Überlieferung, die nun entstand, wurde ausschließlich durch die Geistlichkeit begründet und vermittelt, die wenig Interesse daran hatte, die überkommenen Vorstellungen zu bewahren. Im Gegenteil – die religiösen Rituale der Heiden, die alten Bräuche und Sitten mußten ihr zutiefst verabscheuungswürdig erscheinen. Die mittelalterlichen Chronisten der Heidenmission waren ja dieselben, die sich als Kleriker in ihrer Alltagspraxis mit der Bekehrung von Anhängern der alten Religionen und mit den Problemen der Neugetauften zu beschäftigen hatten. Sie wußten nur allzu genau, daß die überkommenen Glaubensvorstellungen und Gebräuche tief im Volk verwurzelt waren und die Taufe zunächst nur ein höchst oberflächlicher Akt gewesen war. Unter der Oberfläche lebten viele heidnische Bräuche und Sitten fort. Es wäre von einem mittelalterlichen Geistlichen in dieser Situation zuviel verlangt gewesen, ein leidenschaftsloses, gewissermaßen objektives Interesse an den Glaubensvorstellungen der Heiden zu bekunden. Die Regel waren haßerfüllte Polemik sowie undifferenzierte und pauschale Verdammung. Das wenige, das dabei an sachlicher Information gleichsam wider Willen mitgeliefert wurde, ist mehr als unzuverlässig und dürftig.

Wir kennen von den römischen Schriftstellern die merkwürdige Gewohnheit, die Götter fremder Völker mit den eigenen lateinischen Götternamen zu benennen.

So berichtet Cäsar im »Gallischen Krieg« von der Verehrung der keltischen Gallier für Merkur, den Begleiter der Menschen ins Totenreich, der auch der Gott des Handels und der Künste war. Bei Tacitus wird Wodan mit dem antiken Götterboten gleichgesetzt; aus dem germanischen Donnergott Donar wird Herkules; und Ziu, der Kriegsgott der Germanen, wird Mars genannt. Man bezeichnet diesen Brauch als »interpretatio Romana«, als römische Deutung. Dahinter steht die unausgesprochene Maxime: Mögen die Götter bei den verschiedenen Völkern auch unterschiedliche Namen tragen und in unterschiedlicher Art und Weise verehrt werden, im Grunde handelt es sich doch überall um die gleichen Gottheiten.

Nichts liegt dem mittelalterlichen Christentum ferner als dieser Standpunkt. Zwar unterstellen auch die christlichen Schriftsteller des Mittelalters den Heiden ihre eigenen, spezifisch christlichen Denkkategorien, so daß man analog zur »interpretatio Romana« auch von einer »interpretatio christiana« sprechen kann. Aber diese resultiert nicht aus jener bei den Römern herrschenden Mischung von religiöser Indifferenz und kluger Toleranz den Religionen der unterworfenen Völker gegenüber, sondern aus dem unbedingten Universalitätsanspruch der christlichen Religion. Nur hieraus erwächst der Brauch, den heidnischen Glaubensvorstellungen einen gleichsam ins Negative verkehrten christlichen Sinn zuzuschreiben. Das heißt konkret, daß die Gottheiten der Heiden zu Teufeln und Dämonen werden, und zwar zu spezifisch »christlichen« Teufeln und Dämonen, durch die der Satan versucht, Menschenseelen in die ewige Verdammnis zu stürzen. Hinter den heidnischen Kultbildern verbergen sich in den Augen der christlichen Autoren höllische Mächte, die versuchen, durch üble Einflüsterungen dem wahren Gott entgegenzuwirken. Heidnischer Kult ist daher letztlich Teufelsdienst. Dies jedenfalls ist die übereinstimmende Auffassung des christlichen Mittelalters. Man denke an das bereits zitierte Wehklagen, in welches der Nestorchronik zufolge der Teufel angesichts der Massentaufe im Dnepr ausbricht: »Wehe mir, daß ich von hier verjagt bin! Hier gedachte ich meine Wohnung zu haben, denn hier haben die Apostel nicht gelehrt, und man kannte Gott nicht; sondern ich freute mich an ihrem Dienst, mit dem sie mir dienten. Und siehe, nun bin ich von Toren besiegt, nicht von Aposteln oder Märtyrern. Ich werde nicht mehr herrschen in diesen Landen.«[150]

Trotz dieser einseitigen Parteinahme enthalten die mittelalterlichen Quellen einige interessante Angaben über die polytheistischen Kulte. Für die Slawen, die zwischen Kap Arkona und Thüringer Wald siedelten und lange Zeit mit den christlichen Deutschen auf der anderen Seite der Elbe-Saale-Grenze in relativ friedlicher Nachbarschaft lebten, besitzen wir die ausführlichen Berichte der Chronisten Thietmar von Merseburg, Helmold von Bosau und Adam von Bremen sowie die Schilderung des Heidentempels von Kap Arkona durch den dänischen Historiographen Saxo Grammaticus. Auch für die baltischen Preußen, Litauer und Letten gibt es einige Angaben bei den lateinischen Chronisten des Mittelalters und einigen späteren Quellen. Viel schlechter aber sieht die Situation bei den Ostslawen aus. Trägt man alle wesentlichen Quellenaussagen über die Slawen und Balten zusammen, so ergibt dies ein schmales Bändchen von nur vierzig Seiten.[151] Die Quellenstellen zur Religion der Ostslawen nehmen dabei den geringsten Teil ein. Sie umfassen kaum eine Druckseite.[152] Es handelt sich dabei um zwei Zitate aus der Nestorchronik. Und in der Tat sind wir auch hier wieder fast gänzlich auf den Bericht der altrussischen Chronik angewiesen. Eine erste Schilderung der heidnischen Götzenkulte bietet die Chronik sub anno 980 im unmittelbaren Kontext des Berichts über den sündhaften

Lebenswandel Wladimirs. Weitere Angaben liefert die Erzählung über die Opferung eines christlichen Warägers unter dem Jahr 983, die die erwähnte Quellensammlung jedoch ausspart. Es folgt schließlich im Jahre 988 die eingangs zitierte Schilderung des Sturzes der heidnischen Götzen durch den nunmehr getauften Großfürsten. Geben wir zunächst der Nestorchronik das Wort.

Unter dem Jahr 980 heißt es dort: »Und Wladimir begann allein in Kiew zu herrschen. Und er stellte Götzenbilder auf dem Hügel außerhalb des Teremhofes auf: einen hölzernen Perun, sein Kopf aber war silbern, sein Schnurrbart golden; und den Chors, den Daschbog und den Stribog, und den Semargl und die Mokosch. Und sie brachten ihnen Opfer dar, sie Götter nennend, und führten ihre Söhne und Töchter herbei und opferten sie den Teufeln und besudelten die Erde durch ihre Opfer; und die russische Erde und dieser Hügel ward mit Blut besudelt.« Und die Chronik fügt hinzu: »Aber der allgütige Gott will nicht den Tod der Sünder: Auf diesem Hügel steht jetzt die Kirche des heiligen Basilios, wie wir später noch erzählen werden.«[153]

Der zweite Bericht ist noch dramatischer: »Und er (Wladimir – Anm. d. Verf.) kam nach Kiew und brachte samt seinen Leuten den Götzen ein Opfer dar. Und die Ältesten und Bojaren sprachen: ›Werfen wir das Los über einen Burschen und ein Mädchen; wen es trifft, den wollen wir den Götzen opfern.‹ Und es war ein Waräger, und sein Hof stand, wo die Kirche der heiligen Gottesmutter ist, die Wladimir erbaut hat. Dieser Waräger war aus Griechenland gekommen und bekannte sich zum christlichen Glauben. Und er hatte einen Sohn, schön von Antlitz und Seele; auf den fiel durch des Teufels Neid das Los: denn der Teufel konnte sich nicht enthalten, seine Macht über alle auszuüben, und der war ihm wie ein Dorn im Herzen. Und der Verfluchte bemühte sich, ihn zu vernichten und hetzte die Leute auf. Die Abgesandten kamen und sprachen zu ihm: ›Das Los fiel auf deinen Sohn; denn die Götter haben ihn sich auserwählt; so wollen wir ihn den Götzen als Opfer darbringen.‹ Sprach der Waräger: ›Das sind ja keine Götter, sondern Holz; heute ist es da, aber morgen verfault es; denn weder essen noch trinken noch sprechen sie; von Händen sind sie aus Holz gemacht. Aber es gibt nur einen Gott, dem die Griechen dienen und den sie anbeten, der den Himmel gemacht hat und die Erde und Sterne und Sonne und Mond und den Menschen und gab ihm auf der Erde zu leben. Aber diese Götter, was haben sie gemacht? Sie sind selbst gemacht. Ich will meinen Sohn dem Teufel nicht geben.‹ Da gingen sie hin und erzählten es den Leuten; die ergriffen ihre Waffen und gingen auf ihn los und zerstörten sein Gehöft um ihn herum. Er aber stand da im Vorbau mit seinem Sohn, und sie sprachen zu ihm: ›Gib deinen Sohn, daß wir ihn den Göttern darbringen!‹ Er erwiderte: ›Wenn sie Götter sind, mögen sie einen von den Göttern senden und meinen Sohn nehmen; warum fordert denn ihr ihn?‹ Da erhoben sie ein Geschrei und stürzten den Vorbau ein, der sie unter sich begrub und töteten sie so; und niemand weiß, wo man sie bestattet hat. Denn die Menschen waren damals töricht und heidnisch. Der Teufel freute sich darüber und wußte nicht, daß sein Ende nahe war. Sosehr er sich bemühte, das Christenvolk auszurotten, ward er doch vom heiligen Kreuz aus diesem Lande verjagt.«[154]

So packend die Schilderung der heidnischen Schändlichkeiten auch ist – im Grunde erfahren wir über die religiösen Bräuche und Vorstellungen der Ostslawen wenig. Abgesehen von dem ansonsten nicht belegbaren Vorwurf der Menschenopfer und einer recht vagen Beschreibung der heidnischen Götterbilder, finden wir in der oben zitierten Passage aber wenigstens eine Aufzählung der ostslawischen Götternamen. Außer dem schon mehrfach erwähnten Perun werden Chors, Daschbog, Stribog, Semargl und Mokosch genannt. In anderem Zusammenhang tauchen in der altrussischen Chronik noch die Götternamen Wolos und Swarog auf. Damit sind wir aber bereits mit unserer Kenntnis über den Götterhimmel der Ostslawen am Ende. Wie kümmerlich diese Überlieferung ist, wird erst vollständig deutlich, wenn man die spärlichen Angaben über den ostslawischen Olymp mit dem reichen Schatz der griechischen Göttersagen oder mit der nordgermanischen Mythologie vergleicht. Weder kennen wir die Funktionsverteilung im Pantheon der ostslawischen Gottheiten, noch sind einzelne Charakterzüge und Sagen über die verschiedenen Götter überliefert. Für den christlichen Chronisten des beginnenden 12. Jahrhunderts waren die Namen der Heidengötter längst zu lexikalischen Fossilien verkümmert, zu leeren Begriffen, mit denen sich keinerlei konkrete Vorstellung mehr verband.

In den ersten Jahren des vorigen Jahrhunderts begann man sich unter dem Einfluß der europäischen Romantik auch in Rußland für die untergegangene heidnische Götterwelt zu interessieren. Seitdem haben sich Generationen von Philologen, Historikern und Volkskundlern bemüht, Licht in das Dunkel der slawischen Mythologie zu bringen.[155] Immerhin besaß man ja mit der Liste der Götternamen aus der Nestorchronik einen relativ sicheren Anhaltspunkt. Hinzu kamen einige Erwähnungen der alten Götter in der späteren theologischen Literatur und der altrussischen Dichtung, wie zum Beispiel im Igorlied. Es wurde unendlich viel gelehrter Scharfsinn darauf verwendet, durch etymologische Untersuchungen den Sinn der Götternamen zu entschlüsseln.[156] Es fehlte auch nicht an Versuchen, durch Vergleiche mit anderen Kulturen und Religionen einiges über die Vorstellungen und rituellen Bräuche der Ostslawen zu erfahren. Natürlich kam es auch auf diesem Terrain zu heftigen wissenschaftlichen Kontroversen. Die weitgehende Ergebnislosigkeit der Bemühungen um sprachgeschichtliche Deutungen hat einige Forscher veranlaßt, solchen etymologischen Konstruktionen jeglichen Wert abzusprechen.[157] Auch die methodische Legitimität der Herstellung von Analogien zwischen den verschiedenen Religionen wurde grundsätzlich in Zweifel gezogen.[158] Auf der anderen Seite fiel es den Forschern schwer, sich mit dem wenigen positiven, durch Quellen gesicherten Tatsachenmaterial über die ostslawische Mythologie zufriedenzugeben. Allen Kontroversen zum Trotz lassen sich über die alten Götter der Ostslawen doch einige relativ gesicherte Aussagen treffen. Folgen wir dabei der Götterliste des altrussischen Chronisten.

An der Spitze des ostslawischen Pantheons stand der schon mehrfach erwähnte Donnergott Perun. Der Name Perun begegnet uns zum erstenmal in dem Friedensvertrag zwischen den Russen und den Byzantinern aus dem Jahre 907. In jenem Jahr war der russische Fürst Oleg mit einem gewaltigen Heer gegen Konstantinopel gezogen. Nachdem das Barbarenheer die Umgebung der Hauptstadt verwüstet hatte, erklärte sich der byzantinische Kaiser zu Tributzahlungen bereit und schloß mit den Russen einen Vertrag, dessen einzelne Bestimmungen im Text der Nestorchronik überliefert sind.

Zur Bekräftigung des Vertrages küßten die christlichen Byzantiner das Kreuz. »Oleg aber und seine Mannen ließen sie nach russischem Brauch den Eid ablegen, und sie schworen bei ihren Waffen und bei Perun, ihrem Gott, und bei Wolos, dem Gott des Viehs, und sie bekräftigten den Frieden.«[159]

Im Jahre 945 wurde erneut ein Vertrag zwischen Byzanz und den Russen geschlossen. Sowohl die diplomatischen Verhandlungen als auch die folgende Eideszeremonie wird bei dieser Gelegenheit von der Nestorchronik in noch größerer Ausführlichkeit geschildert. Nachdem die Verhandlungen mit den nach Kiew gesandten byzantinischen Unterhändlern zu einem glücklichen Ende gelangt waren, »berief Igor die Gesandten und ging auf den Hügel, wo Perun stand: Da legten sie ihre Waffen und Schilde und ihren Goldschmuck ab, und Igor leistete den Eid und seine Mannen, soweit sie Heiden waren; doch den christlichen Russen nahm man den Eid ab in der Kirche des heiligen Elias, ..., denn dies war die Kathedralkirche, da viele Waräger und Chazaren Christen waren. Nachdem Igor den Frieden mit den Griechen bestätigt hatte, entließ er die Gesandten; nachdem er sie mit Pelzwerk und Sklaven und Wachs beschenkt hatte ...«[160]

Abgesehen von der historisch sicher glaubwürdigen Nachricht, daß es unter den fürstlichen Gefolgsleuten im Jahre 945 – vierzig Jahre vor der Christianisierung Rußlands – bereits Christen gab, hat es besonders um die sub anno 907 erwähnte ausdrückliche Unterscheidung zwischen den beiden Göttern Perun und Wolos viel Rätselraten unter den Historikern gegeben. Aus der Nestorchronik ergibt sich, daß Olegs Heer, welches 907 gegen die Kaiserstadt am Bosporus zog, ein buntscheckiges Völkergemisch war: »Er nahm eine Menge Waräger und Slowenen mit, sowie Tschuden und Kriwitschen und Merier und Drewljanen und Radimitschen und Poljanen und Sewerjanen und Wjatitschen und Chrovaten und Duleben, sowie die Tiwerrezen, welche Fremdvölker sind.«[161] Die Vermutung war also naheliegend, Perun sei der Gott der skandinavischen Waräger gewesen und Wolos der Gott der ostslawischen Gefolgsleute.[162] Man war auch schnell mit der Hypothese bei der Hand, hinter Perun verberge sich kein anderer als der bekannte germanische Donnergott Thor. Aber selbst Forschern, denen eine derartige nordische Interpretation der slawischen Götter gut ins Konzept gepaßt hätte, vermochten nicht zu erklären, aus welchem Grunde die Germanen ihren Donnergott während ihrer Kriegsfahrten in den Süden mit einem anderen, im germanischen Bereich sonst vollkommen unbekannten Namen belegt haben sollten.[163] Ernster zu nehmen ist die etymologische Ableitung des Namens Perun aus der gemeinslawischen Verbalwurzel »per«, von der sich Begriffe mit »schlagen« ableiten.[164] Perun heißt also wörtlich »Schläger«, was deutlich auf seine Funktion als Donnergott hinweist. Eine Reihe von Indizien spricht dafür, daß Perun auch bei den West- und Südslawen bekannt war. In mehreren Orts- und Bergnamen meinen die Slawisten einen Hinweis auf den slawischen Donnerer sehen zu dürfen.

Nach der Christianisierung wurden im ostslawischen Volksglauben zahlreiche Züge des Perun auf den biblischen Propheten Elias übertragen, der dem Alten Testament zufolge in einem von freurigen Rossen gezogenen Wagen in den Himmel aufstieg (2Kön 2, 11) und durch dessen Gebet Regen vom Himmel fiel (1Kön 18, 45). So wurde der altisraelitische Prophet im russischen Volksglauben zum Regenspender und zum Herrscher über Blitz und Donner.[165]

Die anderen in der Nestorchronik erwähnten heidnischen Gottheiten sind in ihrer Herkunft und Bedeutung nicht weniger umstritten.

Chors wird in der Forschung im allgemeinen zum Sonnengott erklärt. Er taucht außer in der Nestorchronik in einigen späteren Predigten und im Igorlied auf. Dort ist sein Name zur poetischen Metapher für die Sonne geworden. Aus sprachgeschichtlichen Gründen spricht manches für eine südslawische Herkunft des Gottes Chors.[166]

Daschbog hält man ebenfalls für einen Sonnengott. Der erste Teil des Namens »dasch« ist ein alter Imperativ zum Verb »datj« (geben). Der zweite Teil des Götternamens ist in seiner Bedeutung unumstritten: »bog« heißt in den slawischen Sprachen Gott. Unklar ist lediglich, ob der Stamm aus dem Iranischen entlehnt ist oder ob hier eine indoeuropäische Urverwandtschaft vorliegt.[167] Nimmt man den Namen Daschbog also wörtlich, so wäre er demnach der Gott, der Glück und Reichtum verleiht. Für die Identifikation mit einem Sonnengott spricht eine Glosse der Hypathiuschronik sub anno 1114, wo der Name des griechischen Sonnengottes Helios mit Daschbog ins Russische übersetzt wird.[168]

Stribog war vermutlich der Windgott. Außer in der Götterliste der Nestorchronik taucht der Name im Igorlied auf, wo »Stribogs Enkel« mit den Winden gleichgesetzt werden.

Bei Semargl, der ebenfalls in der erwähnten Liste zu den heidnischen Gottheiten gezählt wird, ist es umstritten, ob es sich dabei um *einen* Gott oder um eine Zusammensetzung aus den Götternamen Sim und Ergel handelt. Max Vasmer plädiert in seinem Etymologischen Wörterbuch für die zweite Deutung und setzt den Gott Sim in Beziehung zum lettischen Namen für Riesen. Den zweiten Teil des zusammengesetzten Götternamens vermag allerdings auch er nicht befriedigend zu erklären.[169]

Mokosch wird von den Mythologen für eine Göttin der Fruchtbarkeit gehalten. Die Geburtsfee, die im russischen Volksaberglauben noch lange lebendig war, trägt möglicherweise Züge der vergessenen heidnischen Göttin.[170]

Zu erwähnen sind noch zwei weitere Gottheiten, die nicht in der Götterliste auftauchen: Swarog und Wolos.

Swarog erscheint neben Daschbog in der erwähnten Randglosse der Hypathiuschronik sub anno 1114. Der griechische Gott des Schmiedefeuers Hephaistos wird in dieser Stelle mit Swarog wiedergegeben. Man hält ihn deswegen für die Personifizierung des Feuers. Max Vasmer erklärt ihn sogar zur »obersten Gottheit der heidnischen Russen«.[171] Wie ein anderer bekannter Slawist schreibt, hat Swarog jedoch »erfolgreich allen Etymologien widerstanden«.[172]

Wolos schließlich ist der einzige der Slawengötter, dessen Name in der Chronik eindeutig erklärt wird. Bei der Eidesleistung anläßlich des Vertragsabschlusses zwischen Russen und Griechen schwören – wie erwähnt – die Russen einerseits bei Perun, andererseits bei Wolos, dem Viehgott. Auch im Zusammenhang mit der Beeidung des Vertrages zwischen Swjatoslaw und dem byzantinischen Kaiser im Jahre 971 wird Wolos von der Chronik ausdrücklich noch einmal »Gott des Viehs« genannt.[173] Die Philologen haben sich hiermit jedoch keinesfalls zufriedengegeben, sondern zahlreiche einander widersprechende Deutungsversuche vorgelegt. Bereits Alexander Brückner hatte den mehrmaligen Zusatz »skotij bog« als spätere Interpolation erklärt. Seiner Ansicht nach haben die Kiewer Chronisten durch dieses Epitheton den Heidengott bewußt herabsetzen wollen.[174] In der Tat erscheint es wenig glaubhaft, daß die unsteten und abenteuernd die Länder und Meere durchstreifenden Kriegsmannen Olegs gerade beim Schutzpatron des Viehs ihren heiligsten und höchsten Eid geschworen haben sollen. Überzeugender erscheint ein Deutungsversuch, der den Götternamen »volos« in Zusammenhang mit dem Begriff «wolchw« (Zauberer) bringt.[175] Wolos ist demzufolge »... der Gebieter über das Wort und der darin beschlossenen Kraft; ihm ist die Macht eigen, durch das gegebene Wort zu binden, und sein Zorn wurde gefürchtet. Deshalb leisten die Mannen Olegs ebenso wie die Swjatoslaws ... den Eid der Vertragstreue auf ihn.«[176]

Merkwürdigerweise verschwand die Erinnerung an die alten Götter nach der Christianisierung recht schnell aus dem Gedächtnis des Volkes. Wie bereits erwähnt, waren für den Chronisten des 12. Jahrhunderts die heidnischen

Götternamen kaum mehr als leere Worthülsen. Der finnische Folklorist V. J. Mansikka hat sich der Mühe unterzogen, die Predigten, theologischen Belehrungen und Sendschriften des 15. bis 17. Jahrhunderts nach Hinweisen auf heidnische Relikte durchzusehen. Seine Quellenzusammenstellung ist eine Fundgrube für die volkskundliche Forschung. Es finden sich dort zahlreiche Berichte über heidnische Mittsommernachtsfeste, Bestattungsriten und Fruchtbarkeitskulte. Die alten Götter der vorchristlichen Zeit aber spielen in den Anklagen und Beschwörungen gegen das heidnische Treiben nur eine ganz untergeordnete Rolle. Ihre Namen tauchen gelegentlich auf, doch stehen dahinter keine konkreten Vorstellungen mehr. Oft werden sie falsch geschrieben oder in einen gänzlich unsinnigen Zusammenhang gestellt.

Die Bereitwilligkeit der Ostslawen, die alten Götter aufzugeben und für alle Zeiten der Vergessenheit anheimfallen zu lassen, würde weniger verwundern, wenn es der Kirche gelungen wäre, innerhalb weniger Generationen alle Erinnerungen an die heidnischen Bräuche und Vorstellungen zu tilgen. Doch davon kann – wie bereits angedeutet – keine Rede sein. Erstaunlich ist das schnelle Verschwinden der alten Götter aus dem Bewußtsein des Volkes gerade deshalb, weil heidnische Bräuche und Sitten bis in die Neuzeit hinein lebendig geblieben sind und allen Versuchen der Kirche, sie zurückzudrängen, erfolgreich widerstanden. Häufig wurde den althergebrachten Sitten und Riten ein christliches Gewand gegeben, so daß sie relativ unbehelligt neben dem offiziellen kirchlichen Ritus fortbestehen und bis in die Gegenwart hinein von Generation zu Generation weitergegeben werden konnten.

Turgenjew läßt in seinen »Aufzeichnungen eines Jägers« fünf Bauernjungen am nächtlichen Lagerfeuer über ihre Begegnungen mit übersinnlichen Mächten berichten. Von Waldgeistern ist da die Rede, vom Trischka, einem geheimnisvollen und allmächtigen Wundermann, und von Wasserjungfrauen, welche die Sterblichen anzulocken versuchen, um sie mit sich hinab in die Tiefe zu ziehen. Der Dorfzimmermann Gawrila, so erzählt einer der Hütejungen, ging einmal in den Wald auf die Suche nach Nüssen und verirrte sich. »Er ging und ging ..., aber er konnte den Weg nicht finden, und dabei wurde es schon Nacht da draußen. Da setzte er sich unter einen Baum; also gut, dachte er, ich werde den Morgen abwarten, setzte sich hin und nickte ein. Und wie er so eingenickt war, hört er auf einmal, wie ihn jemand ruft. Er fährt auf – niemand da. Er nickt wieder ein – und wieder ruft es. Er fährt wieder auf und guckt: Da sitzt vor ihm auf einem Zweig eine Nixe, schaukelt sich und ruft ihn zu sich, und dabei stirbt sie fast vor Lachen, so lacht sie ... Und der Mond, der schien ganz hell, so hell und klar schien der Mond, daß man alles sehen konnte ... Gawrila, der Zimmermann, der war ganz starr, ... aber sie lacht und winkt ihn immerzu mit der Hand zu sich. Gawrila wollte schon aufstehen und der Nixe gehorchen, aber da hat ihm wohl der liebe Gott einen guten Gedanken eingegeben, und er hat erst ein Kreuz geschlagen. ... Und sowie er das Kreuz geschlagen hatte, da hörte die Nixe zu lachen auf und fing an zu weinen ... ›Hättest du dich nicht bekreuzigt, Menschlein‹, sagte sie, ›du hättest mit mir bis ans Ende deiner Tage in Freuden leben können; aber nun weine ich und gräme mich‹ ... Dann verschwand sie ...«[177]

Immer neue Schauergeschichten erzählen die Hirtenjungen. Schließlich geht einer der Jungen zum Fluß, um Wasser zu holen. Da hört er die Stimme eines vor einiger Zeit Ertrunkenen, was von den Anwesenden als schlimmes Vorzeichen angesehen wird. Die literarische Pointe der Skizze, daß der vom Wassermann Gerufene noch im selben Jahr tödlich verunglückt, ist sicherlich eine poetische Zutat. Ohne Zweifel beruhen aber die nächtlichen Gespräche auf realen Beobachtungen des Dichters, die er bei seinen Streifzügen durch die russischen Wälder notiert hatte.

Man darf vermuten, daß sich die Vorstellungswelt des frühmittelalterlichen Menschen wenig von derjenigen unterschied, die Turgenjew schildert. Die Phantasie beseelte und bevölkerte das gesamte Reich der Natur. Die Menschen glaubten sich auf Schritt und Tritt von geheimnisvollen Wesen begleitet, von bösen Mächten bedroht und von guten beschützt. Überall sahen sie sich von Geistern, Dämonen und Ungeheuern umgeben.

Bei der Seejungfrau bespielsweise, die in Turgenjews Erzählung den Dorfzimmermann Gawrila in Versuchung führt, handelt es sich um eine Rusalka, eine den russischen Volkskundlern wohlbekannte Gestalt, die auch in die russische Poesie und Musik Eingang gefunden hat. Wie die Nymphen und Najaden der antiken Mythologie oder die deutsche Lorelei leben die Rusalki in Seen und Flüssen. In Mondscheinnächten sitzen sie am Ufer, singen und kämmen sich dabei ihre üppigen grünen Haare. Auch schwimmen sie mit aufgelösten Haaren an der Wasseroberfläche umher, tanzen auf mondüberglänzten Wiesen oder schaukeln auf Bäumen. Sie versuchen, den Wandersmann anzulocken und ihn mit sich hinab in die kühlen Fluten zu ziehen. Zuweilen aber folgen sie Menschensöhnen und werden durch die Taufe selbst zu Menschen.[178]

Besonders die großen und undurchdringlichen Wälder, welche die kleinen und weit verstreut liegenden Siedlungsflächen umgaben, erschienen dem Menschen als geheimnisvolles Reich des Bösen.

»Betrat er das schattige Halbdunkel des Waldes«, schreibt der russische Historiker W. O. Kljutschewskij, »so befiel ihn ein Zagen, über das er sich nicht Rechenschaft abzulegen vermochte. Die verträumte, einschläfernde Stille des Waldes erschreckte ihn; im dumpfen, fast lautlosen Rauschen der uralten Wipfel witterte er Unheil; die ständige Erwartung einer unvorhergesehenen, plötzlichen Gefahr spannte die Nerven, beunruhigte die Phantasie. Und der Russe der alten Zeit bevölkerte den Wald mit allerhand Schreckgestalten. Der Wald, das ist das dunkle Reich des einäugigen Waldschrats, des bösen Geistes und Störenfrieds, der es liebt, mit in sein Reich verirrten Wanderern seinen Spuk zu treiben.«[179]

Waren die Waldgeister, Gnome und Wassermänner also degradierte Heidengötter? Wurde so der Donnergott zum Poltergeist, die Liebesgöttin zur Waldhexe und der Herrscher des Totenreiches zum Kinderschreck? »Das Christentum ließ die antiken Götter nicht ruhig sterben«, schreibt der bekannte Literaturwissenschaftler Ernst Robert Curtius, »es mußte sie zu Dämonen degradieren – weil sie im Unterbewußtsein fortlebten.«[180]

Waren diese Spukgestalten also »Götter im Exil« – wie Heine einen Essay über die entthronten Heidengötter der Antike nennt? Das siegreiche Christentum erklärte die überwundenen Heidengötter keineswegs für Lug und Trug der heidnischen Priester oder für Ausgeburten der Phantasie; es bestritt nicht deren Existenz, sondern erklärte sie für böse Geister. Die heidnischen Naturkulte wurden so zum Satansdienst, die Priester der alten Götter zu Hexenmeistern. Ist möglicherweise im Volksglauben ein einst existenter ostslawischer Olymp zu einer Art Blocksberg umfunktioniert worden? So viel für eine solche Theorie auch sprechen mag, nachweisen läßt sie sich nicht; denn zwischen dem Sturz der Heidengötter im Jahre 988 und den frühesten Quellenbelegen zum russischen Volksglauben klafft eine Lücke von mehreren Jahrhunderten.

Bedenkenswert ist auch eine andere These: Der Kult

des Perun, den die Nestorchronik so eindrucksvoll schildert, und der anderen dort erwähnten Heidengötter war möglicherweise im Volke niemals tief verwurzelt. Wirklich lebendig dagegen – und deswegen auch über Jahrhunderte hinweg nicht auszurotten – waren die animistischen Naturvorstellungen, die uns die Folkloristik in vielfältiger Form überliefert hat. Der Perunkult aber – wenn wir weiter dieser These folgen – wurde durch eine im Entstehen begriffene Zentralgewalt mehr oder weniger künstlich installiert. Ehe man in Rußland also eine der Weltreligionen, die sich anboten, übernahm, versuchte man, in Kiew ein zentrales Heiligtum des russischen Staates zu schaffen. Im Jahre 980, nach dem Sieg Wladimirs im Bruderkrieg, berichtet die Nestorchronik über die erste Regierungsmaßnahme des neuen Herrschers: »... er stellte Götzenbilder auf ... Und sie brachten ihnen Opfer dar, sie Götter nennend, und führten ihre Söhne und Töchter herbei und opferten sie den Teufeln und besudelten die Erde durch ihre Opfer; und die russische Erde und dieser Hügel ward mit Blut besudelt.«[181]

Immer wenn das missionierende Christentum auf die grausame Sitte der Menschenopfer traf, kannte seine moralische Entrüstung keine Grenzen; doch oft mußten die heidnischen Menschenopfer als Legitimation weit blutigerer Untaten herhalten. Ob im vorliegenden Falle die Empörung sachlich berechtigt war, muß offenbleiben. Auf der einen Seite sind Menschenopfer im indoeuropäischen Bereich vielfach bezeugt und deswegen auch bei den Ostslawen nicht auszuschließen. Auf der anderen Seite gibt es außer den beiden zitierten Berichten der Nestorchronik keine weiteren Hinweise auf diese blutige und grausame Sitte; angesichts des polemischen, gegen die traditionellen Kulte gerichteten Charakters des Chronikberichtes ist dessen Glaubwürdigkeit eher niedrig zu veranschlagen.

Bleibt zum Schluß noch die Archäologie, die nach Hinweisen auf die altslawische Religion zu befragen ist, die sich aus der Freilegung heidnischer Kultplätze ergeben haben. Im westslawischen Siedlungsgebiet hat man mehrere Tempelanlagen entdeckt, so die Tempelburg auf Kap Arkona, einen Tempel bei Feldberg im Kreis Neustrelitz, eine Anlage bei Groß Raden im Kreis Sternberg und einige andere Fundstellen mit einzelnen Hinweisen auf Kultstätten. Diese Funde ergeben zusammen mit den Berichten der lateinischen Chronisten ein verhältnismäßig detailliertes Bild über die religiösen Bräuche im westslawischen Bereich. Nicht ganz so ergiebig sind die Funde bei den Ostslawen. Doch gibt es dort außer einzelnen Götterbildern auch geschlossene Fundkomplexe, die von den Archäologen als Kultstätten gedeutet werden. So fand man in Nowgorod bei dem Dörfchen Peryn die Überreste eines altslawischen Kultplatzes. Die Lokalüberlieferung verband seit jeher den vier Kilometer südlich der Stadt am Ausfluß des Wolchow aus dem Ilmensee gelegenen Ort mit einem heidnischen Perun-Heiligtum. 1951 untersuchte man einen Hügel, der im Osten und Nordosten von den Wassern des Wolchow, im Süden von der Werjaschja, einem Nebenflüßchen des Wolchow, umspült wird. Westlich des Hügels erstreckt sich ein Sumpf. Auf der Spitze des Hügels legte man die Reste eines gemauerten runden Platzes frei. Die gesamte Anlage hat einen Durchmesser von 33 Metern; entlang der runden Begrenzung des Platzes befinden sich in regelmäßigen Abständen acht halbkreisförmige Ausbuchtungen, so daß der Platz die Form einer achtblättrigen Rosette zeigt. In der Mitte befand sich eine Grube, in die wahrscheinlich das hölzerne Standbild eines altslawischen Gottes eingelassen war. Die ganze Tempelanlage war von einem sechs Meter breiten und ein Meter tiefen Graben umgeben. Aus den Aschenresten, die man in dem Graben gefunden hat, meinen die Archäologen schlußfolgern zu können, daß zu besonderen Anlässen hier Feuer angezündet wurden. Einige angehäufte Feldsteine wurden als Opferaltar gedeutet. Ob die Rosettenform des Kultplatzes ein Sonnensymbol darstellte, was auf die hier ursprünglich betriebene Verehrung eines Sonnengottes hinweisen würde, oder ob – wie andere meinen – die Rosette ein Blumensymbol war, wissen wir nicht. Auch die Annahme, daß die Standbilder nach Osten ausgerichtet, also der aufgehenden Sonne zugewandt waren, und die daran geknüpfte Schlußfolgerung, daß hier einer Sonnengottheit gehuldigt wurde, bleibt hypothetisch. Im Grunde besagen alle diese Angaben über die Lage und die Abmessungen der Kultstätte wenig über die religiösen Vorstellungen der Gläubigen, die hier ihre Götter verehrten. So wertvoll die Resultate der frühgeschichtlichen Feldforschung auch ansonsten sein mögen – hier stößt die Archäologie an die Grenzen ihrer Möglichkeiten.

In der ehemaligen Gouvernementskanzlei im Nowgoroder Kreml, die heute das Kulturhistorische Museum des Bezirkes beherbergt, kann man ein heidnisches Götzenbild aus der vorchristlichen Zeit besichtigen. Das steinerne Idol hat nichts Furchterregendes oder Ehrfurchtsgebietendes an sich. Unter einer tief in die Stirn gezogenen Kappe, die der Figur etwas Bäuerliches gibt, blickt ein rundliches und freundliches Gesicht hervor. Handelt es sich hierbei um den Donnergott Perun oder um den Sonnengott Chors? Unwillkürlich sträubt man sich, dem steinernen Bildnis, das eher an das schlaue Bäuerlein aus dem russischen Volksmärchen erinnert, eine solch erhabene Funktion zuzuerkennen. Auch der Wissenschaft ist es bisher nicht gelungen, das Rätsel des steinernen Bildes zu lösen. Lächelnd bewahrt das altslawische Götterbild aus Nowgorod allen gelehrten Bemühungen zum Trotz standhaft sein Geheimnis.

# Zwischen Halbmond, Kreuz und Davidstern

Boccaccio erzählt in seinem Decameron eine Geschichte von dem legendenumwobenen Sultan Saladin und dem reichen Juden Melchisedech. Der Sultan benötigte dringend eine größere Summe Geldes und rief den jüdischen Wucherer zu sich. Um ihn in die Enge zu treiben, stellte er ihm die tückische Frage, welche von den drei Religionen er für die wahre halte: die jüdische, die sarazenische oder die christliche. Melchisedech zog sich aus der Affäre, indem er Saladin eine Geschichte erzählte – jene berühmte Parabel von dem wundertätigen Ring, der von Generation zu Generation jeweils vom Vater an den ihm liebsten Sohn weitergegeben wurde. Der Ring, so erzählte der Jude, kam schließlich an einen Mann, der sich nicht entscheiden konnte, welchem seiner drei Söhne er den Vorzug geben sollte. Er ließ bei einem geschickten Juwelier zwei weitere, dem dritten vollkommen gleiche Ringe fertigen. Die Söhne aber gerieten nach dem Tode des Vaters in heftigen Streit darüber, welcher von ihnen der Besitzer des echten Ringes und damit rechtmäßiger Erbe des Vaters wäre. »Die Frage blieb ungeklärt«, beendete Melchisedech seine Geschichte, »und sie ist es bis heute. Und dasselbe sage ich Euch, mein Gebieter, auch von den drei Glaubenslehren, über die Ihr mich befragt habt …«[182]

Vierhundert Jahre nach Boccaccio griff Lessing auf das Motiv von den drei Ringen zurück. Aus Melchisedech wurde Nathan der Weise, und die Ringparabel, gewann bei Lessing den Charakter eines Bekenntnisses zur religiösen Toleranz. Er beendete so aus der Position der deistischen Aufklärungsphilosophie den langen und unfruchtbaren Streit, welche Religion die bessere und welcher Gott der wahre sei.

Es wäre jedoch ein Irrtum anzunehmen, nur die Menschen der Renaissance und Aufklärung hätte diese Frage bewegt. Wo immer die Verkünder alleinseligmachender Wahrheiten nebeneinander auftraten und nachbarlich den verschiedenen Göttern Altäre errichteten, stellte sich für die Menschen die Frage nach dem wahren Gott. So ist es kein Zufall, daß die Ringparabel um 1100 im mittelalterlichen Spanien entstand, wo unter maurischer Herrschaft die drei Weltreligionen verhältnismäßig friedlich nebeneinander existierten. Zwischen der ursprünglichen Fassung und Lessings dramatischer Bearbeitung liegen zahlreiche Zwischenglieder und Varianten. Dabei gebührt der im christlichen Abendland beliebten Novellensammlung »Gesta Romanorum« die zweifelhafte Ehre, die Geschichte gleich zweimal zu erzählen, in beiden Fällen aber ihren Sinn ins Gegenteil zu verkehren.[183] Der rechte Ring, der den christlichen Glauben symbolisiert, gibt in den Versionen der »Gesta Romanorum« seine Wunderkraft stets zu erkennen. Der von der Kirche angefeindete Scholastiker Abälard dagegen, der zu Beginn des 12. Jahrhunderts an der Pariser Universität lehrte, läßt in einem überlieferten Fragment den Streit zwischen einem Christen, einem Juden und Philosophen in der Schwebe.[184]

Doch nicht immer war der Streit der Religionen ein sophistisches Spiel mit Begriffen. Überall dort, wo es um die Bekehrung ganzer Völker und Staaten ging, war die Auseinandersetzung zwischen den Glaubensboten der verschiedenen Religionen eine hochbrisante politische Frage.

So berichtet die Vita des Slawenapostels Konstantin, die sogenannte Pannonische Legende, daß am Hofe des byzantinischen Kaisers Gesandte aus dem Chazarenreich eintrafen mit der Bitte: »Die Juden ... reden uns zu, ihren Glauben und ihr Tun anzunehmen, und die Sarazenen ziehen uns auf die andere Seite zu dem ihren hinüber, indem sie uns Frieden und viele Geschenke anbieten und sagen: ›Unser Glaube ist der beste von allen Völkern.‹ Deswegen schicken wir zu euch, ... und erbitten einen gelehrten Mann von euch, auf daß wir, wenn er die Juden und Sarazenen widerlegt, euren Glauben annehmen.«[185] Der Kaiser wendet sich in dieser Angelegenheit an den trotz seiner Jugend hochgelehrten und in einer ähnlichen Mission bei den Arabern erprobten Konstantin, der durch seine spätere – dritte – Missionsreise in das Großmährische Reich gemeinsam mit seinem Bruder Method zum Begründer des slawischen Schrifttums werden sollte. Konstantin macht sich ungesäumt auf den Weg und trifft schon bald bei den Chazaren ein.[186] Gleich nach seiner Ankunft wird Konstantin zum Kagan, dem Herrscher der Chazaren, geladen, und es beginnen Religionsgespräche, welche die Vita Constantini ausführlich referiert. Im Verlaufe der mehrtägigen öffentlichen Disputation wird Konstantin schließlich von einem der jüdischen Religionslehrer direkt gefragt: »›Erkläre uns, ehrwürdiger Mann, durch Gleichnisse und Einsicht den Glauben, der der beste von allen ist.‹ Der Philosoph antwortete ihnen: ›Zwei Eheleute standen bei einem Kaiser in großen Ehren und wurden sehr geliebt. Dieweil sie sich jedoch versündigten, vertrieb er sie aus dem Land und schickte sie davon. Da lebten sie nun viele Jahre und zeugten Kinder im Elend. Die Kinder aber kamen zusammen und gingen mit sich zu Rate, auf welchem Wege sie wieder in ihre erste Würde gelangen könnten. Eines von ihnen sprach so, das zweite anders, ein anderes wiederum anders, und sie beratschlagten. Welchem Rat galt es nun zu folgen? Doch wohl dem besten?‹« Die Juden stellen daraufhin die Frage: »... jeden dünkt sein Rat besser zu sein als ein anderer. Die Juden halten den ihren für besser als einen anderen, die Sarazenen ebenso, und die anderen einen anderen.

Erkläre uns aber, welchen von diesen sollen wir als den besten verstehen?«[187] Konstantin jedoch – oder besser gesagt, der anonyme Autor seiner Vita – weicht der von ihm selbst provozierten Frage aus. Die Geschichte wird ohne Pointe abgebrochen, und der Theologe wechselt das Thema. Das Gleichnis, dessen Lösung uns die Vita Constantini verschweigt, knüpft offenbar an die biblische Geschichte vom Sündenfall und der Vertreibung aus dem Paradies an. Die Kinder des vertriebenen Ehepaares sind die Kinder Adams und Evas, die auf verschiedenen Wegen Gott suchen. Jeden dünkt sein Weg als der richtige – doch es könnte ja sein, daß verschiedene Wege zum gleichen Ziel führen. Ob der Autor der Konstantinlegende es nicht gewagt hat, diesen Gedanken zu Ende zu denken, oder ob der vermutliche Schluß der Erzählung, der an die Parabel von den drei Ringen erinnert, einer späteren Streichung zum Opfer gefallen ist, werden wir nicht mehr in Erfahrung bringen können.[188] Die Schilderung von »Glaubensumfragen« und Religionsgesprächen vor der Taufe eines Herrschers gehört zu den verbreiteten Motiven der mittelalterlichen Literatur. So berichtet der jüdische Dichter und Religionsphilosoph Jehuda ha-Levi in seinem um 1130 entstandenen Buch »Kusari« von der Bekehrung der Chazaren zum mosaischen Glauben.[189] Der König der Chazaren erfährt im Traum, daß seine Absicht, Gott zu suchen, richtig sei, daß aber der von ihm eingeschlagene Weg dazu in die Irre führe. Im Gespräch mit einem Moslem, einem Christen und einem Juden wird ihm klar, daß alle christlichen und moslemischen Glaubenssätze letztlich auf jüdische zurückzuführen sind und die jüdische Religion demzufolge die einzig richtige sei.

Auch die altrussische Nestorchronik enthält eine ausführliche und mit viel anekdotischem Beiwerk ausgeschmückte Schilderung eines solchen Religionsgesprächs. Vor Wladimir erscheinen die moslemischen, jüdischen und christlichen Glaubensboten, um ihn zu ihrer Religion zu bekehren. Damit nicht zufrieden, schickt der russische Großfürst seine eigenen Abgesandten zu den jüdischen Chazaren, den moslemischen Wolgabulgaren, nach Rom und nach Konstantinopel, damit sie dort die Vor- und Nachteile der verschiedenen Glaubensrichtungen prüfen und ihm anschließend Bericht erstatten. Ohne Zweifel handelt es sich dabei ebenso wie bei anderen Beispielen solcher Glaubensumfragen um eine literarische Fiktion. Und doch reflektieren solche Legenden immer auch ein Stück der Denkweise und des Weltbildes des mittelalterlichen Menschen.

Der Chronist setzt die Legende ins Jahr 986 und deren Fortsetzung, die faktisch eine zweite Version der Geschichte darstellt, ins folgende Jahr – die Erzählung umfaßt also die beiden unmittelbar der Taufe vorausgehenden Jahre. Weitere historische Nachrichten finden sich für diese Zeit in der Nestorchronik nicht, und auch für die vorhergehenden Jahre seit dem Machtantritt Wladimirs (980) ist die Überlieferung recht sparsam. Abgesehen von der dramatischen und phantasievollen Schilderung der heidnischen Greueltaten und den detailreichen Erörterungen über den verwerflichen Lebenswandel des jungen Heidenfürsten, enthält die Chronik für die Zeit zwischen 981 und 985 lediglich einige trockene annalistische Notizen über siegreiche Kriegszüge gegen die Nachbarn der Rus und gegen aufsässige ostslawische Stämme. Nach einem erfolgreichen Feldzug gegen die Wolgabulgaren vermeldet die Chronik kurz und knapp: »Und Wladimir kehrte nach Kiew zurück«,[190] dann wechselt der Erzählton, unvermittelt und übergangslos beginnt die Legende von der Glaubensumfrage Wladimirs:

»Die Bolgaren mohammedanischen Glaubens kamen und sagten: ›Du bist ein weiser und verständiger Fürst und kennst doch das Gesetz nicht. Glaube an unser Gesetz und verehre Mohammed.‹ Und Wladimir fragte: ›Wie ist euer Glaube?‹ Sie antworteten: ›Wir glauben an Gott; Mohammed aber lehrt uns, das männliche Glied zu beschneiden, kein Schweinefleisch zu essen, keinen Wein zu trinken. Nach dem Tode, sagte er, kann man mit den Frauen der Sinnenlust frönen: Mohammed wird jedem siebzig schöne Frauen geben; und eine Schöne wird er auswählen und die Schönheit von allen auf diese eine übertragen, und die wird sein Weib sein. Aber auch hier, sagte er, kann man jegliche Unzucht treiben. Wer in dieser Welt arm ist, wird es auch dort sein; wer hier reich ist, wird es auch dort sein.‹ Und noch viele andere Verlockungen, über die man aber aus Scham nicht schreiben kann. Wladimir hörte sie an, denn er liebte ja selbst die Frauen und trieb viel Unzucht; so hörte er genüßlich zu; doch die Beschneidung und die Enthaltung vom Schweinefleisch gefielen ihm nicht; und der Verzicht aufs Trinken behagte ihm ganz und gar nicht. Und er sagte: ›Den Russen ist das Trinken eine Lust, ohne das können wir nicht sein.‹

Danach kamen Deutsche aus Rom und sagten: ›Wir sind gekommen als Abgesandte des Papstes.‹ Und sie sprachen zu ihm: ›Der Papst läßt dir folgendes sagen: Dein Land ist wie unser Land, aber euer Glaube ist nicht wie unser Glaube; denn unser Glaube ist das Licht: Wir beten Gott an, welcher Himmel und Erde schuf, die Sterne, den Mond und alles, was atmet, geschaffen hat, eure Götter aber sind nur Holz.‹ Wladimir aber fragte: ›Wie ist euer Gebot?‹ Sie antworteten: ›Fasten nach Kräften, wenn aber jemand trinkt oder ißt, ist all das zu Gottes Ruhm, so sagte unser Lehrer Paulus.‹ Da sprach Wladimir zu den Deutschen: ›Geht heim, denn unsere Väter haben das nicht angenommen.‹

Als das die chazarischen Juden hörten, kamen sie und sprachen: ›Wir haben gehört, daß die Bolgaren und die

Christen gekommen sind, ein jeder von ihnen, um dich seinen Glauben zu lehren. Denn die Christen glauben an den, den wir gekreuzigt haben, wir aber glauben an den einen Gott Abrahams, Isaaks und Jakobs.‹ Und Wladimir fragte: ›Wie ist euer Gesetz?‹ Sie sprachen: ›Sich beschneiden zu lassen, weder Schweinefleisch noch Hasenfleisch zu essen, den Sabbat zu heiligen.‹ Da fragte er: ›Wo ist euer Land?‹ Sie aber sprachen: ›In Jerusalem.‹ Er fragte: ›So ist es auch jetzt noch dort?‹ Sie aber sprachen: ›Gott erzürnte sich über unsere Väter und verstreute uns über die Länder unserer Sünden wegen; und unser Land ward den Christen übergeben.‹ Da sagte er: ›So wollt ihr also andere belehren, selber aber seid ihr von Gott verworfen und zerstreut? Wenn Gott euch geliebt hätte und euer Gesetz, dann wäret ihr nicht über fremde Länder zerstreut worden. Wollt ihr etwa, daß auch uns dasselbe treffe?‹

Daraufhin sandten die Griechen zu Wladimir einen Philosophen, der sagte: ›Wir haben gehört, daß die Bolgaren gekommen sind, dich zu lehren, ihren Glauben anzunehmen; ihr Glaube aber besudelt Himmel und Erde; und sie sind verflucht weit mehr als alle übrigen Menschen; ähnlich sind sie geworden wie die in Sodom und Gomorra; auf diese aber ließ der Herr brennende Gesteinsmassen niedergehen und ließ sie untergehen, und sie versanken. Auch jene erwartet der Tag ihres Verderbens, wenn Gott kommen wird, die Erde zu richten und alle, die Ungesetzliches tun und Greuel begehen: diese nämlich waschen ihren After und gießen es in den Mund und schmieren sich damit den Bart, wobei sie Mohammed anrufen. Aber auch Frauen begehen dieselbe Schändlichkeit und noch weit mehr: Sie kosten vom Beischlaf des Mannes und der Frau.‹

Als Wladimir dies gehört hatte, spie er auf den Boden und sagte: ›Das ist ein unsauberes Treiben.‹

Der Philosoph sprach: ›Wir haben auch gehört, daß

*Das alte Kiew*

1 Denkmal des Großfürsten Wladimir am Dnepr

2 Andreaskirche

3 Sophienkathedrale

4 Goldenes Tor

5 Blick auf das Höhlenkloster

6 Haupteingang zum Höhlenkloster

7 Allerheiligenkirche im Höhlenkloster

*Wandmalereien in der Wladimirkathedrale*

(von Viktor Wasnezow, 1848–1926)

8 Taufe Wladimirs

9 Die Bevölkerung Kiews empfängt die Taufe

10 Großfürstin Olga

11 Großfürst Wladimir

# *Aus der Radziwiłł-Chronik*

12 Wladimir zieht nach Kiew

13 Aufrichtung des Kreuzes in den Kiewer Bergen durch den Apostel Andreas

14 Hügel des Perun

15 Religionsgespräch am Hofe Wladimirs

16 Wladimir begegnet Jaropolk

17 Ankunft der Prinzessin Anna

18 Einweihung der Zehntkirche

19 Taufe Wladimirs

20 Gastmahl am Hofe Wladimirs

21 Wladimir wird bestattet

Leute aus Rom gekommen sind, um euch ihren Glauben zu lehren. Ihr Glaube ist um ein weniges von dem unseren verschieden: sie halten ihren Gottesdienst mit ungesäuertem Brot, das heißt mit Oblaten, was Gott nicht überliefert hat: sondern er befahl, mit Brot Gottesdienst zu halten, und gab den Brauch an die Apostel weiter, wobei er das Brot nahm und sprach: Dies ist mein Leib, der für euch gebrochen wird. So nahm er auch den Kelch und sprach: Dies ist mein Blut des Neuen Testamentes. Diese aber halten sich nicht daran und üben den rechten Glauben nicht aus.‹«[191]

Neuerdings hat G. Podskalsky die dogmatische und polemische Literatur der Alten Rus zusammenfassend behandelt und in diesen Zusammenhang auch Wladimirs Religionsumfrage und die anschließende »Rede des Philosophen« gestellt.[192] In der Tat begegnen in der theologischen Literatur des 12. und 13. Jahrhunderts fast alle Argumentationsmuster des zitierten Chronikberichtes, zumindest soweit es gegen die lateinische Kirche geht. Diese Polemik ist primär ein Reflex auf die Streitigkeiten zwischen Konstantinopel und Rom. Die Vorwürfe gegen die Papstkirche, die in der Chronik nur kurz angedeutet sind, werden dort breit ausgeführt. Dabei werden regelrechte Häresienverzeichnisse zusammengestellt. Getadelt wird bei den Lateinern vor allem die Verwendung von ungesäuertem Brot. Dieser Vorwurf nimmt ja auch in der Chronik in der Rede des byzantinischen Theologen einen zentralen Platz ein. Aber auch der Gebrauch der Monstranz und die Aufbewahrung von Hostien in der Kirche, das Abrasieren der Bärte bei Klerikern und Mönchen, das Eheverbot für Diakone und Priester und die gleichzeitige Duldung von Konkubinen und unehelichen Kindern wird gerügt. In diesen nach Nummern aufgeschlüsselten Dissenskatalogen werden neben fundamentalen dogmatischen oder liturgischen Abweichungen auch den modernen Betrachter merkwürdig anmutende Vorwürfe erhoben; so beispielsweise die angebliche Mitnahme von Hunden in die Kirche oder die Verwendung von Schüsseln, die zuvor bei Entbindungen benutzt worden sind, bei Mahlzeiten.[193] Der zentrale Streitpunkt zwischen Ost und West aber war die Verwendung von gesäuertem beziehungsweise ungesäuertem Brot beim Abendmahl. In der ältesten überlieferten antilateinischen Streitschrift russischer Provenienz, die einem Metropoliten von Perejaslawl namens Leon zugeschrieben wird, beschäftigen sich von den zwanzig Abschnitten dreizehn mit diesem Problem. Dem ungesäuerten, toten Brot der Juden und Lateiner wird das gesäuerte, lebendige und geistige Brot Christi der rechtgläubigen Griechen und Russen gegenübergestellt.

Während die antirömische Polemik in dem Chronikbericht über Wladimirs Religionsgespräche topologisch genau der damals verbreiteten dogmatischen Literatur entspricht, kann man den Argumenten Wladimirs gegen den moslemischen und jüdischen Glauben eine gewisse Originalität nicht absprechen. Zu den meistzitierten Stellen der Nestorchronik gehört zweifellos die Passage, in welcher Fürst Wladimir die Übernahme des Islam für Rußland ablehnt: »Den Russen ist das Trinken eine Lust, ohne das können wir nicht sein.« Das strikte Alkoholverbot des Propheten Mohammed ließ trotz der Verlockungen des muselmanischen Paradieses dem russischen Herrscher den Islam für sich und sein Volk als ungeeignet erscheinen. Die Geschichte ist mit einem für eine mittelalterliche Chronik wahrhaft seltenen Witz erzählt. Doch verweist sie uns auch auf einen ernsthaften kulturgeschichtlichen Zusammenhang. Daß Wladimir und die Mannen seiner fürstlichen Gefolgschaft den Freuden einer guten Tafel nicht abgeneigt waren, dürfte wahrscheinlich sein. Aus Wladimirs späterer Zeit berichtet die

Chronik ausführlich von prächtigen Gastmählern am Kiewer Hofe. Zum Fest der Verklärung des Herrn im Jahre 996 ließ er zum Dank für seine wunderbare Errettung vor den Nomaden, in deren Hände er beinahe gefallen war, ein Fest ausrichten, das – wie die Chronik zu berichten weiß – acht Tage dauerte und auf dem dreihundert Maß Met getrunken wurden.[194] Ein Maß (prowar) ist den Kommentaren der Chronikedition zufolge diejenige Menge, die an einem Tag gebraut werden konnte,[195] also kaum weniger als ein großes Faß. Auch an anderen Stellen der Chronik ist häufig von Wein, Met und Kwaß die Rede. Während der Wein aus dem Süden importiert werden mußte, war der Met als heimisches Getränk seit ältesten Zeiten bekannt und beliebt. Er wurde zubereitet, indem man Honig in Wasser kochte, Hopfen und andere Gewürze zusetzte, das ganze noch einmal aufkochen ließ, dann mit Hefe vergärte und mehrere Monate in Fässern ablagern ließ. Das so gewonnene Getränk mit einem Alkoholgehalt von etwa siebzehn Prozent war bei allen indogermanischen Völkern seit Urzeiten als Rauschmittel bekannt. Es ist sicher, daß der Genuß des Mets bei Opferfesten und rituellen Gastmählern einen stark kultischen Charakter trug. Die Riten und Bräuche der frühgeschichtlichen Völker waren eng verwoben mit dem gemeinschaftlichen Genuß berauschender und betäubender Getränke, der seinen Höhepunkt schließlich in einer magischen Vereinigung mit der Gottheit fand. Der kultisch-religiöse Charakter derartiger Gelage hat sich über die Christianisierung hinweg in zahlreichen Trinksitten erhalten. Wenn wir auch keinen Hinweis darauf besitzen, daß diese im Volk verwurzelten Bräuche dem Vordringen des Islam in Rußland Grenzen setzten und das Christentum favorisierten, so ist es doch nicht ohne Interesse, daß auch die christlichen Autoren, die in späteren Jahrhunderten gegen heidnische Relikte zu Felde zogen, die Verbindung von Trunksucht und vorchristlichem Brauchtum durchaus sahen.

Teilweise sind die Auskünfte, die der Chronist den Abgesandten der jüdischen und moslemischen Glaubensgemeinschaft unterstellt, vollkommen unsinnig. Das gleiche trifft für die Gegenargumente Wladimirs zu. Teilweise aber werfen die Fragen und Antworten des Religionsgespräches ein recht interessantes Licht auf das religiöse Bewußtsein der Zeit. Wie mußte zum Beispiel auf das unverbildete Gemüt eines Heidenfürsten, dem die vergeistigte Ethik des Christentums sicherlich wesensfremd war, die Erzählung wirken, der von den Christen angebetete Messias sei von den Juden gekreuzigt worden? Wenn ihr Gott wirklich so mächtig war, wie es die Missionare behaupteten, wie konnte er dann zulassen, daß sein eigener Sohn hingerichtet wurde? Dies ist auch die erste Frage, die Wladimir dem christlichen Theologen stellt.

»Da sprach Wladimir: ›Es sind zu mir die Juden gekommen und sagten: ‚Die Deutschen und die Griechen glauben an den, den wir gekreuzigt haben.'‹«[196] Der byzantinische Theologe entgegnet: »Wahrlich, wir glauben an ihn ...«, und er ergreift die Gelegenheit, die Lehre von Christi Kreuz und Auferstehung zu erläutern. Dem angeblichen Argument der Juden, die Christen würden an jemanden glauben, der von ihnen hingerichtet worden sei, entgegnet der Theologe: Christus »wartete sechsundvierzig Jahre auf ihre Reue, und sie taten nicht Buße. Da sandte er wider sie die Römer, die zerstörten ihre Städte und haben sie selbst über die Lande zerstreut; so sind sie dienstbar in fremden Ländern«. Offenbar meint der christliche Philosoph die Zerstörung des Tempels in Jerusalem durch den römischen Feldherrn Titus im Jahre 70 n. Chr. Auf überzeugende Weise ist so dem naiven Bedürfnis Genüge getan, Christus möge seine Macht beweisen und sich an seinen Peinigern rächen.

Nachdem die erste Frage zufriedenstellend beantwortet ist, fragt Wladimir weiter: »›Warum ist denn Gott auf die Erde herabgestiegen und hat solches Leiden auf sich genommen?‹ Darauf antwortete der Philosoph und sprach: ›Wenn du zuhören willst, werde ich dir von Anfang an erzählen, warum Gott auf die Erde herabstieg.‹ Wladimir sagte: ›Ich möchte es gern hören.‹«

Der Philosoph eröffnet seine weitausgreifende Rede mit der Schöpfungsgeschichte, berichtet vom Paradies, von der Erschaffung der ersten Menschen und erzählt die Geschichte vom Sündenfall und von Kain und Abel. Die »Rede des Philosophen« (Retsch filosofii), die von den Literaturwissenschaftlern zu Recht als eigenständiges Werk der altrussischen Literatur gewertet wird, hält sich in den Grundzügen an das Erste Buch Moses, steuert aber auch weniger Bekanntes aus apokryphen Quellen bei. So steht beispielsweise die Geschichte vom Begräbnis des von Kain erschlagenen Abel nicht im Alten Testament, sondern entstammt Schriften, die nicht dem kanonischen Bestand der Heiligen Schrift angehören: »Adam und Eva weinten, der Teufel aber freute sich und sprach: ›Siehe, den Gott ehrte, den brachte ich dazu, daß er von Gott abfiel ...‹ Und sie weinten beide um Abel dreißig Jahre lang, und seine Leiche verweste nicht. Und sie verstanden nicht, ihn zu begraben. Da flogen auf Gottes Geheiß zwei Vögel herbei: einer von ihnen starb, der andere machte eine Grube und legte den Toten hinein und begrub ihn. Als Adam und Eva dies sahen, hoben sie eine Grube aus und legten Abel hinein und begruben ihn unter Weinen.«[197]

Der Philosoph setzt seine Erzählung mit der Geschichte der Sintflut und der Legende vom Turmbau zu Babel fort. Bekanntlich verwirrte Gott bei dieser Gelegenheit die Sprache, um die vorwitzigen Menschen daran zu hindern, einen Turm zu bauen, dessen Spitze bis in den

Himmel reichen sollte. Die »Rede des Philosophen« enthält hier den interessanten, nicht aus der Bibel stammenden Zusatz, daß einem der Menschen namens Eber die Sprache Adams nicht genommen wurde, weil sich jener an der Torheit nicht beteiligt und die anderen sogar gewarnt hatte. Von Eber stammen dem griechischen Philosophen zufolge die Juden ab; das Hebräische ist somit die Ursprache der Menschheit, die von Adams und Evas Zeiten bis zur babylonischen Sprachverwirrung von allen Menschen gesprochen wurde.

Es folgen in enger Anlehnung an die biblischen Erzählungen die Geschichten von Abraham und Moses; die Propheten werden kurz erwähnt. Hier und bei der Geschichte Davids stehen die Prophezeiungen der künftigen Fleischwerdung des Herrn im Mittelpunkt. Die »Rede des Philosophen« kulminiert in einer regelrechten Sammlung von Zitaten aus den Büchern des Alten Testaments, die sich als Prophezeiungen der kommenden Leidensgeschichte und Auferstehung Christi deuten lassen.

Wladimir unterbricht an dieser Stelle den Redner und erkundigt sich: »Zu welcher Zeit hat sich dies erfüllt? Ist dies schon geschehen oder soll dies erst geschehen?«[198] Dem Philosophen ist damit das Stichwort gegeben, zu den Schriften des Neuen Testaments überzugehen. Er beginnt mit der Verkündigung Mariä, der Geburt des Herrn, berichtet vom Kindermord zu Bethlehem und der Flucht nach Ägypten; es folgt die Passionsgeschichte bis zum Pfingstwunder. Bei alledem hält sich der Philosoph streng an die kanonischen Bücher und greift nicht wieder auf das reiche apokryphe Material zurück. Zum Schluß stellt Wladimir noch einige Fragen und gibt so dem Philosophen Gelegenheit, die Symbolik der Geschichten zu erläutern. Der Philosoph spannt dabei den Bogen von der Urmutter Eva, durch deren Sündenfall dem Menschengeschlecht das Paradies verlorenging, bis zu Maria, die der

Menschheit den Erlöser schenkte. »So hat nun Gott Vergeltung geübt am Teufel: Zwar war durch das Weib Adam zuerst aus dem Paradies vertrieben worden. Durch das Weib aber ward Gott Mensch und gebot den Gläubigen, ins Paradies einzugehen.«[199] Dann zieht der Philosoph die Parallele zwischen dem Baum der Erkenntnis, von welchem Eva die verbotene Frucht gepflückt hatte, und jenem Holz, an dem der Heiland gekreuzigt wurde. Schließlich stellt er die Analogie her zwischen dem Wasser der Sintflut, das die Menschheit von den Sünden gereinigt hatte, und dem heiligen Naß der Taufe.

Von größerer Anschaulichkeit als solche kühnen Konstruktionen ist freilich das letzte Argument des Theologen. »Und nachdem er dies gesagt hatte«, heißt es in der Chronik zum Abschluß der Rede des Theologen, »zeigte er Wladimir einen Vorhang, auf dem das Gericht des Herrn gemalt war. Er zeigte ihm rechts die Gerechten, die voller Freude ins Paradies gehen, und links die Sünder, die der Höllenqual entgegengehen. Wladimir aber seufzte und sprach: ›Gut geht es denen zur Rechten, aber wehe den Sündern zur Linken.‹«[200] Rhetorisch wirkungsvoll setzt daraufhin der byzantinische Missionar den Schlußpunkt seiner Predigt: »Wenn du zur Rechten bei den Gerechten stehen willst, dann lasse dich taufen.«[201]

Doch Wladimir ist der Nestorchronik zufolge noch immer nicht entschlossen, die Taufe anzunehmen, und gibt dem christlichen Glaubensboten die Auskunft: »Ich werde noch etwas warten.«[202] Zur Begründung für diesen Aufschub führt die Chronik an, Wladimir wolle – was ja bereits geschehen war – noch die anderen Glaubensbekenntnisse prüfen. Der eigentliche Grund ist wahrscheinlich simpler: Der Chronist brauchte diese Überleitung, um eine weitere Variante der Geschichte vom Streit der Religionen an das bereits Erzählte anschließen zu können.

## Die Arche des Neuen Bundes

»Wladimir rief seine Bojaren und die Stadtältesten zusammen«, setzt die Nestorchronik ihren Bericht unter der Jahresangabe 987 fort, »und sprach zu ihnen: ›Die Bolgaren (gemeint sind immer die moslemischen Wolgabulgaren – Anm. d. Verf.) kamen zu mir und sagten: ‚Nimm unsere Religion an!' Danach kamen auch die Deutschen, sie lobten ebenfalls ihre Religion, und nach diesen kamen die Juden. Schließlich kamen die Griechen, die alle Religionen tadelten, ihre hingegen lobten; und sie redeten viel von der Erschaffung des Weltalls vom Weltbeginn an. Sie verstehen klug zu erzählen, und es ist wunderbar, ihnen zuzuhören, und für jeden angenehm. Sie erzählen, es gäbe eine andere Welt: ‚Und so sich jemand', sagen sie, ‚zu unserem Glauben bekennt, der wird, wenn er gestorben ist, wieder auferstehen und ewiglich leben. Wenn er aber eine andere Religion annimmt, so muß er in jener Welt im Feuer brennen.' Wem neigt nun euer Sinn zu, was erwidert ihr?‹ Die Bojaren und Ältesten sagten: ›Du weißt, Fürst, daß niemand das Seinige schmäht, sondern lobt. Wenn du es ernsthaft erkunden willst, so hast du ja deine Gefolgsleute. Sende sie aus und erkunde eines jeden Gottesdienst und auf welche Weise ein jeder Gott dient.‹

Diese Rede gefiel dem Fürsten und allen Leuten. Sie wählten kluge und verständige Gefolgsleute aus, zehn an der Zahl, und sagten ihnen: ›Geht zuerst zu den Bolgaren und erforscht ihren Glauben.‹ Da gingen sie, und als sie angekommen waren, sahen sie abscheuliche Dinge und die Verneigungen in den Moscheen. Und sie kehrten in ihr Land zurück. Und Wladimir sprach zu ihnen: ›Geht nunmehr zu den Deutschen und seht euch um und geht von dort zu den Griechen!‹

Sie aber gelangten zu den Deutschen und sahen sich deren Gottesdienst an, und sie kamen nach Zargrad (Konstantinopel – Anm. d. Verf.) und gingen zum Kaiser. Der Kaiser forschte sie aus, aus welchem Grunde sie gekommen seien. Da erzählten sie ihm alles Geschehene. Als nun der Kaiser dies gehört hatte, ward er froh und erwies ihnen noch am selbigen Tag große Ehre. Am anderen Morgen schickte er zum Patriarchen und ließ sagen: ›Die Russen sind gekommen, unseren Glauben zu erforschen. Richte die Kirche her und den Platz für den Chor in der Kirche, und du selbst lege deinen Bischofsornat an, damit sie die Herrlichkeit unseres Gottes sehen.‹«[203]

Ohne jeden Zweifel ist die Erzählung der Nestorchronik in dieser Form weit eher Dichtung als historische Wahrheit. Allzu deutlich sind die legendenhaften Züge des Berichts. Dennoch hat die Chronikerzählung gerade in ihrer Einfachheit etwas Überzeugendes – zumindest in den folgenden Passagen, in denen die Wirkung des griechischen Gottesdienstes auf die Gäste aus dem Norden geschildert wird. Hören wir also weiter: Als der Patriarch vernahm, die Russen seien gekommen, um den christlichen Glauben kennenzulernen, »ließ er den Klerus zusammenrufen, und man veranstaltete dem Brauche gemäß einen Festgottesdienst. Man entzündete Weihrauch und ließ Chöre und Gesänge erschallen. Und er ging mit ihnen in die Kirche, und man stellte sie an einem sich weithin öffnenden Platz auf, wies sie auf die Schönheit der Kirche hin sowie auf den Gesang und die bischöfliche Liturgie und das Ministrieren der Diakone und erklärte ihnen, wie sie ihrem Gott dienen. Jene aber waren voller Staunen und Bewunderung und lobten ihren Gottesdienst. Und die Kaiser Basileios und Konstantinos riefen sie zu sich und sprachen zu ihnen: ›Gehet in euer Land!‹ Und sie entließen sie mit reichen Geschenken und in großen Ehren. So kehrten sie in ihr Land zurück. Und der Fürst berief seine Bojaren und die Ältesten. Und Wladimir sagte: ›Seht, die von uns entsandten Männer sind zurückgekehrt. Laßt uns also von ihnen hören, was geschehen ist.‹ Und er sagte: ›Erzählt vor der Gefolgschaft!‹ Da sprachen sie: ›Wir gingen zu den Bolgaren und sahen, wie sie sich im Tempel, das heißt in der Moschee, verneigten und ohne Gürtel dastanden. Wer sich verneigt hat, setzt sich und blickt wie besessen hierhin und dorthin. Und es gibt keine Fröhlichkeit bei ihnen, sondern Betrübnis und großen Gestank. Ihre Religion ist nicht gut. Und wir kamen zu den Deutschen und sahen, daß sie in der Kirche Gottesdienst halten, aber wir sahen keinerlei Herrlichkeit.‹«[204]

Die Vorwürfe, die zusammengetragen werden, um die lateinischen Christen und die Moslems verächtlich zu machen, wirken hier etwas schwächlich. Offenbar schiebt der Chronist an dieser Stelle nur einige Floskeln ein, um die Fiktion einer Rundreise durch einen Großteil der damals bekannten Welt aufrechtzuerhalten – die Juden werden diesmal ganz vergessen. Dann aber folgt eine emphatische Schilderung des byzantinischen Gottesdienstes, die stilistisch und inhaltlich an den oben zitierten Reisebericht anknüpft: »Wir kamen schließlich zu den Griechen, und man führte uns dorthin, wo sie ihrem Gott dienen. Wir wußten nicht, ob wir im Himmel waren, denn auf der Erde gibt es keinen solchen Anblick, auch nicht eine derartige Pracht. Wir sind außerstande, darüber zu berichten, wir wissen nur, daß Gott wahrhaftig unter den Menschen weilt und daß ihr Gottesdienst besser ist als bei allen anderen Völkern. Denn wir können diese Pracht nicht vergessen. Kein Mensch, der Süßes gekostet hat, mag hernach Bitteres zu sich nehmen. Auch wir wollen nicht mehr so leben.‹«[205]

Angesichts einer solch enthusiastischen Schilderung der byzantinischen Religion gibt es gar keinen Zweifel mehr über den nunmehr zu fällenden Ratschluß. Wie hätte die Darstellung der Chronik, die über hundert Jahre nach dem Geschehen von einem christlichen Autor zusammengestellt wurde, auch anders ausfallen können. Doch trotz seines rein apologetischen Charakters ist der Chronikbericht nicht uninteressant. Auffallend ist besonders, daß die Botschafter Wladimirs, die ausgesandt waren, die Religion der fremden Völker zu erkunden, kein Wort über die eigentliche Glaubenslehre verlieren. Im Unterschied zu der oben zitierten »Rede des Philosophen« enthält der Gesandtenbericht nichts über die religiöse Symbolik der kirchlichen Rituale, deren Zeuge sie waren, nichts über die christliche Überlieferung, die heiligen Bücher, die religiösen Gesetze usw. Die russischen Gesandten sind schlicht und einfach überwältigt von dem beeindruckenden Schauspiel des griechischen Gottesdienstes, und sie geben diesen Eindruck vor der Bojarenversammlung und ihrem Fürsten in aller Naivität wieder. Gerade diese Naivität aber hinterläßt den Eindruck von etwas Unmittelbarem, Echtem und Authentischem und steht so in deutlichem Gegensatz zu den lehrhaften und langatmigen Ausführungen des griechischen Theologen. Offenbar schöpft die Chronik hier aus einer anderen Quelle, denn im Grunde ist, bei allen märchenhaften Zügen der Erzählung, der sachliche Kern des Berichtes durchaus nicht abwegig. Wir wissen, daß alljährlich russische Kaufleute nach Byzanz fuhren. Sie verkauften dort auf dem Markt Honig, Pelze, Sklaven und Leinen, wohnten während ihres Aufenthaltes in einer Art Kaufmannsquartier in der Vorstadt, besuchten die Badestuben und andere Etablissements. Was lag also näher, als auch den Gottesdienst in der Hagia Sophia oder in einer der anderen hauptstädtischen Kirchen zu besuchen, zumal sich mit Sicherheit damals schon getaufte Christen unter den Russen befanden? Die Hagia Sophia, die »Heilige Weisheit«, wie das zentrale Gotteshaus der Kaiserstadt genannt wurde, übte auf die Fremden sicherlich eine unwiderstehliche Anziehungskraft aus – war es doch eines der größten und prachtvollsten Bauwerke der damaligen Welt, das den berühmten sieben Weltwundern der Antike ebenbürtig zur Seite stand. Wer sich vom Meer her der Stadt näherte, ob er nun aus dem Norden vom Schwarzen Meer her oder vom Süden aus dem Marmarameer kam, den empfing schon von weitem das Bild der Hagia Sophia. Sie thronte mit ihrer gewaltigen Kuppel wie eine gigantische Riesenschildkröte über dem Häusermeer der byzantinischen Metropole. Den Worten des griechischen Geschichtsschreibers Prokop von Kaisareia zufolge beherrschte sie das Bild der großen Stadt wie ein Schiff die Wogen des Meeres. Von außen wirkte das imponierende Bauwerk mit seiner gedrungenen Silhouette eher etwas plump. Erst die vier schlanken Minarette, die in osmanischer Zeit hinzugefügt wurden, verleihen dem architektonischen Ensemble heute einen Hauch orientalischer Eleganz. Seine spezifische, schon von den Zeitgenossen in hymnischen Tönen gerühmte überwältigende Wirkung entfaltet sich dem Betrachter des Bauwerks jedoch erst von innen. Man stelle sich vor, unsere russischen Gesandten oder Kaufleute betreten das architektonische Wunderwerk, dessen meisterlich abgestimmte Einzelheiten ganz gezielt darauf gerichtet sind, die Seele des Besuchers zu ergreifen und auf die liturgische Handlung einzustimmen. Wer vom Lärm des sonnenüberfluteten, von Säulengängen umgrenzten Hofes, dem Atrium, in das kühle Halbdunkel des äußeren Vorraums kommt, den umfängt hier bereits feierliche Stille. Aus dem äußeren Vorraum tritt der Besucher durch eine der fünf Türen in den inneren Vorraum und von hier in einen langgestreckten, von Kreuzgewölben überspannten Raum. Der Blick fällt auf die im Schatten der Gewölbe liegenden, gedämpft glitzernden Goldgrundmosaike. Neun Türen gewähren von hier den Zutritt in das Hauptschiff. Die mittlere Monumentaltür zum Zentralraum der Kirche, die sogenannte Königstür, durfte allein vom Kaiser durchschritten werden. Sie hatte nicht wie die anderen Türen einen Rahmen aus Marmor, sondern einen aus Bronze, der mit Silber umkleidet war. Das Innere der Türflügel war der Legende zufolge aus dem Holz der Arche Noah geschnitzt worden und wies symbolisch auf die Kirche als das Schiff, das die Gläubigen sicher durch die unruhige See dem ewigen Heil entgegenträgt, wie denn auch der Boden des Kirchenschiffs mit wellig strukturiertem Marmor ausgelegt war, der das Meer symbolisierte.

Die byzantinische Theologie und die sakrale Kunst und Architektur liebten diese Analogien zwischen den Geschichten des Alten Testaments und dem Heilsgeschehen seit der leiblichen Offenbarung des Herrn in Jesus Christus. So wurde die Hagia Sophia zu Konstantinopel – ja die christliche Kirche überhaupt – symbolisch zur Arche Noah des neuen Bundes.

Dem Besucher, der aus dem Dämmerlicht der Vorhalle in das Kirchenschiff trat, flutete von oben hereinfallendes Licht durch die unterhalb der Kuppel ins Mauerwerk gebrochene Fensterreihe entgegen; die Riesenkuppel schien fast schwerelos in schwindelerregender Höhe zu schweben. Der so von den Architekten erzielte optische Effekt muß den übereinstimmenden Berichten der Besucher zufolge überwältigend gewesen sein. Das Licht wurde von den Glasstiften der Mosaike, von den Marmorwänden und den mit kostbaren Steinen ausgelegten Böden vielfach gebrochen und erweckte die Gesichter auf den Heiligenbildern zu einem merkwürdigen Leben von erhabener Schönheit. Dazu ertönte von einem verborgenen Chor ein feierlicher einstimmiger Gesang, der von der hochentwickelten Akustik der Kirche verstärkt wurde und mit überirdischer Klarheit bis in den letzten Winkel der Kirche drang. Bei den in der Ostkirche so beliebten nächtlichen Liturgien brannten Tausende Kerzen und erleuchteten den gewaltigen Raum mit ihrem flackernden, irisierenden Licht. Der Betrachter sollte nicht mit dem Verstand die architektonischen Strukturen durchschauen, sondern förmlich gebannt werden von einer Symphonie sinnlicher Eindrücke. Seine ganze Nichtigkeit vor der allgewaltigen himmlischen Macht, vor der Unendlichkeit der Schöpfung sollte ihm vor Augen geführt werden. Jeder spürte hier, daß er einer heiligen Handlung beiwohnte, wenn der Gottesdienst begann. Eine Welt voller Symbole und Allegorien umgab den Gläubigen. Die Kirche wurde zum Sinnbild des Kosmos; ihre Architektur, die Mosaike, die Malerei verkörperten in sichtbaren Bildern die christlichen Ideen. Rufen wir uns noch einmal die Worte in Erinnerung, die die Nestorchronik den nach Byzanz entsandten russischen Gesandten in den Mund legt: »Wir wußten nicht, ob wir im Himmel waren, denn auf der Erde gibt es keinen solchen Anblick, auch nicht eine derartige Pracht. Wir sind außerstand, darüber zu berichten, wir wissen nur, daß Gott wahrhaftig unter den Menschen weilt und daß ihr Gottesdienst besser ist als bei allen anderen Völkern. Denn wir können diese Pracht nicht vergessen ...«

Die Ausstrahlungskraft der christlichen Kirche griechisch-byzantinischer Prägung muß damals sehr groß gewesen sein. Es war nicht nur die pompöse Glorie des griechischen Gottesdienstes, deren Wirkung der Chronikbericht hervorragend widerspiegelt; es war vor allem das Zusammenspiel von geistlich legitimierter Kaisermacht und staatlich sanktionierter Kirchenhierarchie, das Byzanz in den Augen eines Heidenfürsten unwiderstehlich machen mußte. Er durfte hoffen, daß ein Abglanz der sakralen Weihe, die das oströmische Kaisertum weit über jede andere irdische Gewalt hinaushob, auch auf ihn falle, wenn er von dort die Taufe empfing. Sollte es gar gelingen, in verwandtschaftliche Beziehungen zu dem gottgesalbten Herrscherhause zu treten, so würde das einer gewaltigen Rangerhöhung gleichkommen. Byzanz – das war in den Augen der Welt die alte und einzig legitime Kaisermacht, die ihre Rechtmäßigkeit von den römischen Cäsaren herleitete und sich seit dem apostelgleichen Kaiser Konstantin unauflöslich mit der Kirche Christi verbunden hatte. Byzanz – das war die Bewahrerin aller kulturellen Schätze seit der Antike, aber auch ein vorbildlich und modern verwalteter Zentralstaat und nicht zuletzt eine gewaltige Handels- und Wirtschaftsmetropole. All dies fand seine symbolische Weihe im orthodoxen Ritus, dessen Herrlichkeit den Fremden überwältigen mußte.

Wir werden niemals erfahren, ob Wladimir tatsächlich die Vertreter der jüdischen, islamischen und christlichen Religionen bei sich empfing und anschließend seine Boten in die Welt schickte, um die verschiedenen Glaubensrichtungen zu prüfen. Reduziert man die Erzählung der Chronik auf ihren realen Kern, so bleibt ein Herrscher, der wie ein nüchterner Hausvater nach recht handfesten Maßstäben die angebotenen Glaubenslehren wägt und prüft, der mit bauernschlauem Pragmatismus zwischen den feilgebotenen Waren wählt und schließlich, nachdem er sich entschieden hat, einen erstaunlich guten Preis erzielt. Denn in Byzanz hatten sich innenpolitische Konstellationen ergeben, die das Vorhaben, von dort die Taufe zu empfangen, in einem neuen und günstigen Licht erscheinen ließen.

## Heerzug nach Korsun

Nachdem die Gesandten Wladimirs ihren Bericht beendet hatten, fragte der Fürst die versammelten Bojaren: »›Wo wollen wir die Taufe empfangen?‹ Sie aber sagten:

›Wo es dir beliebt.‹«[206] Mit diesen Worten endet die unter die Jahresangabe 987 gestellte Erzählung der Chronik über die Vorgeschichte der Taufe Wladimirs. Dann beginnt der Bericht über das Jahr 988, über jenes Schicksalsjahr der russischen Geschichte, in dem der Chronik zufolge Wladimir nach Korsun zog, dort von griechischen Priestern die Taufe empfing und die purpurgeborene byzantinische Kaisertochter Anna zur Frau nahm.[207] Wer sich mit den Geschehnissen dieses Jahres beschäftigt, ist in der Lage eines Untersuchungsrichters, der einen Tatbestand aufgrund von unzuverlässigen und lückenhaften Zeugenaussagen aufzuklären hat, wobei – um im Bilde zu bleiben – die beiden Hauptzeugen augenscheinlich gezielt einen Teil der Wahrheit zu vertuschen suchen. Die russischen Quellen liefern zwar einen ausführlichen und farbenreichen Bericht über die Taufe, verschweigen aber den offenbar entscheidenden Zusammenhang zwischen dem Heerzug Wladimirs auf die Krim und der Heirat mit der byzantinischen Prinzessin. Die griechischen Quellen dagegen erwähnen seltsamerweise die Taufe des russischen Herrschers mit keinem Wort, liefern aber zahlreiche Informationen über die innenpolitischen Vorgänge im byzantinischen Reich. Glücklicherweise besitzen wir einige kurze, aber bedeutungsvolle Nachrichten aus arabischen und armenischen Quellen, die das notwendige »missing link«, das fehlende Zwischenglied, zur Rekonstruktion der Ereignisse liefern.[208]

Wenden wir uns zunächst dem Bericht der altrussischen Nestorchronik zu. Die Chronikeintragung unter dem Jahr 988 beginnt: »Und nachdem ein Jahr vergangen war ..., zog Wladimir mit seinem Heer gegen Korsun, die Stadt der Griechen, und die Korsuner schlossen sich in der Stadt ein.«[209] Korsun – der griechische Name lautet Chersonesos – liegt auf der Krim, unweit des heutigen Sewastopol, inmitten ergiebiger und bis heute berühmter

Weinberge. Chersonesos und einige andere Hafenstädte auf der Krim waren seit den Zeiten der griechischen Kolonisationsbewegung im 5. Jahrhundert v. u. Z. ein Vorposten der mediterranen Zivilisation im nordpontischen Küstengebiet. Die reiche, mächtige und wohlbefestigte Handelsstadt überlebte auch die Stürme der Völkerwanderung und wurde zum nördlichen Vorposten des byzantinischen Reichs. Belagerung und Besetzung dieser Stadt waren ein eindeutiger Angriff auf die territoriale Integrität des Byzantinischen Kaiserreiches. Die Nestorchronik nennt zunächst kein Motiv für einen solchen, nach dem erfolgreichen Verlauf der Religionsgespräche erstaunlich anmutenden Angriff, schildert aber ausführlich den Verlauf der Ereignisse: »Und Wladimir blieb auf jener Seite der Stadt am Hafen stehen, nur einen Pfeilschuß von der Stadt entfernt. Und die Stadtbewohner kämpften erbittert. Wladimir aber belagerte die Stadt. Die Kräfte der Menschen waren erschöpft, und Wladimir sprach zu den Stadtbewohnern: ›Wenn ihr euch nicht ergebt, werde ich drei Jahre verharren.‹ Sie aber hörten nicht darauf. Wladimir stellte nun sein Heer auf und befahl, Erde zur Stadt hin aufzuschütten. Während man diese aufschüttete, gruben sich die Korsuner unter der Stadtmauer hindurch und brachten heimlich die aufgeschüttete Erde weg und trugen sie zu sich in die Stadt und schütteten sie mitten in der Stadt auf. Die Krieger aber schütteten mehr auf, und Wladimir verharrte. Und siehe, ein Mann aus Korsun namens Anastas schoß einen Pfeil herüber, auf den er folgendes geschrieben hatte: ›Die Quellen, die hinter dir im Osten sind, davon fließt Wasser in Röhren in die Stadt. Grabe es ab!‹ Als Wladimir das vernommen hatte, blickte er gen Himmel und sprach: ›Wenn sich dies verwirklichen läßt, will ich mich taufen lassen.‹«[210] Neben der theologischen Belehrung durch den griechischen Philosophen und der beeindruckenden Pracht und Herrlichkeit des christlichen Gottesdienstes erscheint hier ein drittes Motiv für die Taufe Wladimirs: Man erwartet vom Christengott, daß er seinen Bekennern den Sieg in der Schlacht schenkte. Bereits im Jahre 312 bei der Schlacht an der Milvischen Brücke hatte ein solcher Beweggrund eine Rolle gespielt. Später haben immer wieder Christen zu ihrem Gott um Beistand im Kampf gegen ihre Feinde gefleht. Der seltsame Widerspruch, daß hier ein ungetaufter Heide sein Bekenntnis zum Gott der Christen von einem Sieg über die christlichen Byzantiner abhängig macht, scheint den Chronisten nicht gestört zu haben. Wladimir jedenfalls ging ungesäumt ans Werk, den schlau ausgedachten Plan des Anastas zu verwirklichen. »Und sogleich befahl er, durch Gräben die Wasserleitung zu unterbrechen, und man leitete das Wasser ab. Die Menschen kamen durch den Durst nach Wasser von Kräften und ergaben sich. Wladimir zog mit seiner Gefolgschaft in die Stadt ein.«[211] Erst jetzt, nachdem die Eroberung von Korsun vollzogen ist, deutet der Chronikbericht den politischen Hintergrund der Aktion an: »Dann sandte Wladimir zu den beiden Kaisern, Basileios und Konstantin, und ließ folgendes sagen: ›Seht, ich habe eure ruhmreiche Stadt eingenommen. Nun höre ich, daß ihr eine jungfräuliche Schwester habt. Wenn ihr sie mir nicht zur Frau gebt, werde ich mit eurer Stadt das gleiche tun, wie ich es mit dieser getan habe.‹«[212] Es ist an dieser Stelle angebracht, den Bericht der Nestorchronik zu unterbrechen und einen Blick auf die politischen Hintergründe der russisch-byzantinischen Auseinandersetzungen und die innenpolitischen Verwicklungen im Byzantinischen Reich zu werfen, soweit sich diese aus den Quellen rekonstruieren lassen. Die Ereignisse fallen in die ersten Herrschaftsjahre des byzantinischen Kaisers Basileios II. Dieser Herrscher wird von den Historikern als ein Mann von eiserner Willensstärke und einzigartiger Tatkraft charakterisiert, während sein jüngerer Bruder Konstantin, der als genußsüchtig und leichtsinnig galt, als Mitkaiser wohl eine rein dekorative Funktion einnahm. Erst drei Jahre zuvor hatte sich der jugendliche Kaiser aus der Vormundschaft seines Großonkels, des allmächtigen Hofeunuchen Basileios, befreit und diesen auf seine Güter verbannt. Bald darauf wurde er in einen Krieg mit dem Bulgarenreich verwickelt. Nach einem erfolglosen Feldzug auf dem Balkan wurde im August 986 das auf dem Rückzug befindliche byzantinische Heer angegriffen und vernichtend geschlagen. Der Kaiser konnte entkommen. Doch als er in seiner Hauptstadt anlangte, erwartete ihn dort die Nachricht, sein alter Gegenspieler Bardas Skleros wäre, ermutigt durch den Mißerfolg in Bulgarien, neuerlich im Reich aufgetaucht und habe sich zum Kaiser ausrufen lassen. Bereits im Sommer 976 hatte sich dieser Feldherr gegen den damals noch minderjährigen Kaiser erhoben, war aber von einem anderen Heerführer, Bardas Phokas, besiegt worden; er floh daraufhin an den Kalifenhof. Bardas Phokas wurde jetzt abermals zum Oberkommandierenden von Asien ernannt und wie schon 976 dem Usurpator entgegengeschickt. Doch statt den Rebellen zu vernichten, verbündete er sich mit diesem und ließ sich am 15. August 987 von seinen Truppen zum Kaiser proklamieren. Mit Bardas Skleros vereinbarte er eine Teilung der erhofften Siegesbeute. Doch schon kurze Zeit später lockte er seinen neuen Bundesgenossen in einen Hinterhalt, ließ ihm die kaiserlichen Insignien abnehmen und ihn einsperren. Bardas Phokas trat nun als einziger Thronprätendent auf. In dieser verzweifelten Situation wandte sich der Kaiser an den Fürsten der Russen und bat ihn um die Entsendung eines Hilfskontingents. In letzter Minute traf ein 6000 Mann starkes russisches Heer in Konstantinopel ein und rettete Basileios aus seiner fast aussichtslosen Lage. Der Kaiser setzte sich selbst an die

Spitze seines kriegstüchtigen Hilfskorps und brachte zunächst bei Chrysopolis einem Teil der Insurgenten eine Niederlage bei. Dann wandte er sich der Hauptstreitmacht des Bardas Phokas zu. Am 13. April 988 kam es bei Abydos zur Entscheidungsschlacht. Der Sieg des legitimen Kaisers Basileios war vollkommen. Sein Gegenspieler starb unerwartet während der Schlacht – vielleicht an Gift, vielleicht an einem Herzschlag. Die Aufruhrbewegung brach nach dem Tode ihres Führers zusammen.

Zum Lohn für seine Hilfe war dem Fürsten von Kiew offenbar die Hand der byzantinischen Prinzessin Anna, der Schwester der regierenden Kaiser, versprochen worden. Die byzantinischen Geschichtsschreiben sind auffallend schweigsam, wenn es um dieses politische Kompensationsgeschäft geht. Aufschlußreicher sind die armenischen und arabischen Quellen. In der »Armenischen Geschichte« des Stephan von Taron heißt es dazu: »... es waren 6000 Fußsoldaten, mit Speer und Schild bewaffnet, die der Kaiser Wasil (Basileios – Anm. d. Verf.) von dem Könige der Russen sich erbeten hatte, als er ihm seine Schwester zur Ehe gegeben hatte, zu welcher Zeit sie auch zum Glauben an Christus übergetreten waren.«[213] Noch eindeutiger beschreibt der arabische Historiograph Jahjā von Antiochia, ebenfalls ein Zeitgenosse, den Zusammenhang zwischen der Entsendung des russischen Hilfskorps, der Heirat von Wladimir und Anna und der Eroberung von Korsun: »Und offen zeigte Bardas al Fuquās (Bardas Phokas – Anm. d. Verf.) die Rebellion ... Und es wurde gefährlich seine Macht, es wurde besorgt Kaiser Bāsil (Basileios – Anm. d. Verf.) über ihn wegen der Stärke seiner Truppen und wegen seines Sieges über ihn. Da gingen seine Geldmittel zu Ende. Da zwang ihn die Not dazu, daß er eine Gesandtschaft zum Großfürsten der Russen schickte, obwohl sie seine Feinde waren, um von ihnen Hilfe zu erbitten in seiner gegenwärtigen Lage.

Da gab er ihm darin seine Zustimmung, und sie beide schlossen miteinander einen Vertrag über eine Verschwägerung, und es verheiratete sich der Großfürst der Russen mit der Schwester des Kaisers Bāsil, nachdem er ihm die Bedingung auferlegt hatte, daß er sich taufen ließe und die übrige Bevölkerung seines Landes.«[214]

Nachdem mit Hilfe des russischen Truppenkontingents die Aufstandsbewegung des Bardas Phokas niedergeschlagen worden war, rückte die byzantinische Regierung offenbar von dem Versprechen ab, die Schwester der Kaiser an den russischen Großfürsten Wladimir zu verheiraten. Daraufhin zog Wladimir an der Spitze seiner Gefolgschaft nach Süden, eroberte den byzantinischen Vorposten Korsun und drohte mit weiteren Kriegshandlungen, falls man die versprochene Prinzessin nicht gutwillig herausgeben wollte. Erst unter diesem Druck fanden sich die Kaiser bereit, ihr Versprechen zu erfüllen. Sie schickten ihre Schwester Anna übers Meer nach Korsun, wo es zur Hochzeit und der Chronik zufolge zur Taufe des russischen Herrschers kam.

Die Nestorchronik ist die einzige Quelle, welche die Auslieferung der Kaisertochter und die anschließende Hochzeit und Taufe ausführlich schildert. Wir hatten die Erzählung der Chronik an jener Stelle unterbrochen, wo Wladimir nach der Einnahme von Korsun seine Gesandten zu den Kaisern schickt, um die Auslieferung ihrer »jungfräulichen Schwester« zu verlangen und im Weigerungsfalle mit einem Angriff auf Konstantinopel zu drohen. »Als das die Kaiser hörten, wurden sie traurig und sandten ihm eine Botschaft, die solchermaßen lautete: ›Für Christen ziemt es sich nicht, jemanden an Heiden zu verheiraten. Wenn du dich taufen läßt, wirst du sie bekommen, und du wirst das Himmelreich empfangen und mit uns eines Glaubens sein. Willst du dies aber nicht tun, können wir dir als Heiden unsere Schwester nicht zur

Frau geben!‹ Als Wladimir das hörte, sprach er zu den Gesandten der Kaiser: ›Sagt den Kaisern folgendes: Ich will mich taufen lassen, denn ich habe schon früher eure Religion erforschen lassen, und euer Glaube und Gottesdienst sagen mir zu, denn davon haben mir die von uns entsandten Männer erzählt.‹ Als dies nun die Kaiser hörten, wurden sie froh und beschworen ihre Schwester Anna und sandten zu Wladimir und ließen sagen: ›Lasse dich taufen, dann schicken wir unsere Schwester zu dir!‹ Wladimir aber sagte: ›So sollen die, die mit eurer Schwester herkommen, mich taufen!‹ Und die Kaiser hörten auf ihn, und sie schickten ihre Schwester, einige Würdenträger und Priester. Sie aber wollte nicht gehen: ›Wie unter Heiden gehe ich‹, sagte sie, ›besser wäre es für mich, hier zu sterben!‹ Und es sprachen die Brüder zu ihr: ›Es könnte sein, daß Gott durch dich das russische Land zur Buße bekehrt und daß du das griechische Land vor einem grausamen Krieg bewahrst! Du siehst doch, wieviel Böses die Russen den Griechen angetan haben. Und wenn du jetzt nicht gehst, werden sie uns das gleiche antun.‹ Nur mit Mühe konnte man sie dazu bringen. Sie stieg auf eine Galeere, küßte unter Tränen ihre Angehörigen und fuhr übers Meer. Und als sie Korsun erreicht hatte, da kamen die Korsuner ihr entgegen, um sie zu begrüßen, und man geleitete sie in die Stadt und brachte sie im Palast unter. Durch Gottes Vorsehung erkrankte aber Wladimir zu dieser Zeit an den Augen, er konnte nichts sehen, und er härmte sich sehr und kam nicht darauf, was zu tun sei. Und die Kaisertochter schickte zu ihm und ließ ihm sagen: ›Wenn diese Krankheit von dir genommen werden soll, laß dich alsbald taufen; wenn nicht, dann wirst du dieses Leiden nicht loswerden.‹ Als Wladimir dies hörte, sagte er: ›Wenn das wahr wird, dann ist der Gott der Griechen wirklich groß.‹ Und er befahl, daß man ihn taufe. Der Bischof von Korsun taufte gemeinsam mit den Priestern der Kaisertochter Wladimir, nachdem er ihn unterwiesen hatte. Als er ihm die Hand auflegte, konnte er auf der Stelle sehen. Da sich nun Wladimir seiner plötzlichen Heilung bewußt wurde, pries er Gott mit den Worten: ›Jetzt habe ich den wahren Gott erkannt.‹

Als das aber seine Gefolgschaft sah, ließen sich viele taufen. Man hat ihn in der Kirche zur heiligen Gottesmutter getauft, die Kirche aber steht in der Stadt Korsun, mitten in der Stadt, an der Stelle, wo die Korsuner ihren Handel treiben. ... Nach der Taufe führte er die Kaisertochter zur Trauung.«[215]

Der zweite uns bekannte Bericht über die Taufe Wladimirs enthält noch weniger sachliche, für den Historiker direkt verwertbare Einzelheiten. Die Schilderung der Ereignisse ist dafür aber rhetorisch sehr eindrucksvoll und wird zu Recht zu den bemerkenswertesten Denkmalen der altrussischen Literatur gezählt. Die Rede ist von der Festhomilie des Metropoliten Ilarion, die jener wahrscheinlich in den Jahren zwischen 1046 und 1050 in der Zentkirche zu Kiew am Grabmal des verstorbenen Fürsten hielt.[216] Dort heißt es nach einer kurzen und summarischen Schilderung der Herkunft und Jugend Wladimirs: »(Er) wurde Alleinherrscher seines Landes, unterwarf sich die Länder ringsum, die einen im Frieden, die ungehorsamen aber durchs Schwert. Und da er also lebte in seinen Tagen und sein Land weidete mit Gerechtigkeit, Mannhaftigkeit und Verstand, da kam auf ihn die Heimsuchung des Höchsten, da schaute auf ihn das allerbarmende Auge des gütigen Gottes, und in seinem Herzen strahlte auf das Verständnis, zu verstehen die Eitelkeit des Truges der Götzenverehrung und zu suchen den einen Gott, der alle Kreatur geschaffen hat, die sichtbare und die unsichtbare. Ja, und mehr: Immerdar kam ihm zu Gehör von dem frommen griechischen Lande, dem christusliebenden und glaubensstarken, wie man dort den einen

Gott ... ehrt und anbetet; ... wie die Kirchen voll sind von heiligem Volk, wie die Dörfer und Städte fromm sind, wie alle eifrig sind im Gebet ... Und da er dies hörte, erwachte in seinem Herzen der Wunsch und entbrannte er im Geiste vor Verlangen, daß auch er Christ werde und sein Land, wie es denn auch geschah. ... So entkleidete sich denn unser Kagan, und mit den Kleidern legte er ab das Verderben des alten Menschen, schüttelte ab den Staub der Ungläubigkeit, stieg ein in das heilige Bad und wurde wiedergeboren von Geist und von Wasser ... und stieg aus dem Bade in weißer Gestalt – ein Sohn der Unvergänglichkeit, ein Sohn der Auferstehung war er geworden und hatte einen Namen empfangen, der ewig ist und namhaft von Geschlecht zu Geschlecht: Wassilij, mit dem er eingeschrieben ist in die Bücher des Lebens, in der oberen Stadt, dem unvergänglichen Jerusalem.«[217]

Es ist angesichts der Unsicherheit der Quellenüberlieferung nicht ganz einfach, die Ereignisse der Jahre 987 bis 989 in eine gesicherte chronologische Abfolge zu bringen. So konnten die Hintergründe der Taufe Wladimirs zu einem Tummelplatz unterschiedlichster Theorien und Hypothesen werden. Der polnische Mediävist Andrzej Poppe hat vor einigen Jahren das gesamte Quellenmaterial einer gründlichen Neuinterpretation unterzogen und schlägt folgendes Grundmuster des zeitlichen Ablaufs vor: Im Mai oder Juni 987 bat der byzantinische Kaiser Basileios II. den russischen Fürsten Wladimir um militärische Unterstützungen gegen seinen Rivalen Bardas Phokas ... In den darauf folgenden Verhandlungen in Kiew im September 987 versprach Wladimir, sich und sein Volk taufen zu lassen. In der Rus sollte eine von Konstantinopel abhängige Metropolie eingerichtet werden. Wladimir wurde außerdem die purpurgeborene Schwester der regierenden Kaiser Basileios und Konstantin versprochen. Als Gegenleistung sollte ein russisches Heer umgehend nach Byzanz entsandt werden. Darüber hinaus sollten die Russen die von den Insurgenten beherrschte Halbinsel Krim besetzen. Cherson fiel zwischen April und Juli 989; Wladimir aber wurde nicht hier, wie die Chronik behauptet, sondern bereits vorher in Kiew getauft. Aller Wahrscheinlichkeit nach fand die Taufe des Herrschers am Tage der Erscheinung des Herrn (Epiphanias) statt, dem 6. Januar 988 also, den die Kirche bis heute sowohl mit der Taufe Jesu als auch mit der Erleuchtung der Heiden verbindet.[218]

Ob durch die Forschungen von Poppe die Stimmen endgültig zum Schweigen gebracht sind, welche die Taufe Wladimirs ins Jahr 989 verlegen wollen, wird abgewartet werden müssen. Denn daß der Heerzug nach Korsun erst in diesem Jahr stattgefunden haben kann, räumt auch Poppe ein; und die Chronik läßt keinen Zweifel daran, daß Taufe und Hochzeit erst hier gefeiert wurden. Wie dem auch sei, das traditionelle Datum hat den Vorzug der allgemeinen Anerkennung. Und so wurde im Jahre 1888 ohne Rücksicht auf skeptische Stimmen die Neunhundertjahrfeier in aller Feierlichkeit begangen. Fünfzig Jahre später wurde des neunhundertfünfzigsten Jahrestages des Ereignisses gedacht. Und auch im Jahre 1988 hat sich niemand die würdevolle Feierlichkeit durch den zweiflerischen Gedanken stören lassen, die Tausendjahrfeier werde möglicherweise ein Jahr zu früh begangen.

# Der christliche Fürst

## Anna Porphyrogennete

Die Abschiedstränen, die Prinzessin Anna der Nestorchronik zufolge vergoß, als sie das Schiff nach Korsun bestieg, sind zweifellos eine poetische Ausschmückung. Doch gab es für die byzantinische Kaisertochter in der Tat ausreichend Gründe zur Traurigkeit; ob die tröstenden Worte, welche die Chronik ihren kaiserlichen Brüdern in den Mund legt, eine Wirkung taten, ist mehr als fraglich. Nicht die Tatsache, daß sie als Objekt eines politischen Tauschhandels nach Rußland geschickt wurde, wird für die Prinzessin Grund zur Trauer gewesen sein. Dies war von jeher das Los der weiblichen Angehörigen regierender Häuser. Auch nicht die Ungewißheiten einer Zukunft an der Seite des ihr gänzlich unbekannten Herrschers können die Ursache ihres Schmerzes gewesen sein. Der Ruhm des jugendlichen Fürsten, der innerhalb weniger Jahre die umliegenden Völkerschaften unter seine Botmäßigkeit gezwungen hatte, war längst in die Kaiserstadt gedrungen. Die Tränen der Prinzessin hatten tiefere Ursachen: Als Tochter und Schwester regierender byzantinischer Kaiser an einen fremden Fürsten verheiratet zu werden bedeutete eine tiefe Demütigung der stolzen und hochgeborenen kaiserlichen Jungfrau, wie sie die Nestorchronik nennt. Erst vor diesem Hintergrund wird auch das wortbrüchige Verhalten der beiden Kaiser Basileios und Konstantin verständlich, die der Nestorchronik zufolge versuchten, Wladimir um den Lohn seiner Hilfsaktion zu betrügen und ihm die kaiserliche Braut vorzuenthalten. Ob die Chronik in diesem Punkt glaubwürdig ist, muß natürlich offenbleiben. Historische Tatsache ist aber, daß bis dahin noch niemals eine purpurgeborene byzantinische Prinzessin an einen auswärtigen Herrscher verheiratet worden war.

Am Ende des 10. Jahrhunderts befand sich das Byzantinische Reich allen inneren Wirren und äußeren Gefährdungen zum Trotz auf der Höhe seiner Macht. Über das Reich der Byzantiner herrschte faktisch unumschränkt der in Konstantinopel residierende Kaiser. In seiner Person verkörperte sich nicht nur die oberste politische Gewalt, sondern auch eine sakral geprägte Staatsidee. Der gottähnliche »Basileus« – wie der griechische Terminus lautet – wurde in der kirchlichen Liturgie als dreizehnter Apostel, als Stellvertreter Christi auf Erden, als Bewahrer des Erdkreises, als apostelgleicher Allherrscher und mit ähnlich hochgreifenden Bezeichnungen geehrt. Die mystische Aura, mit welcher die Person des gesalbten Kaisers umgeben wurde, fand ihren bezeichnenden Ausdruck in der religiös geprägten und staatsrechtlich relevanten Vorstellung von der Purpurgeburt. Was es für Wladimir bedeutet haben mochte, die Hand einer byzantinischen Kaisertochter zu erhalten, läßt sich am ehesten ermessen, wenn man sich die konkreten Vorstellungen vergegenwärtigt, die sich mit dem Begriff »purpurgeboren« für die Zeitgenossen verbanden. Die Purpurfarbe war bereits in spätrömischer Zeit von einem religiösen Nimbus umgeben, was Versuche zeigen, ihre Benutzung einzuschränken. In Byzanz war es allein dem Herrscher vorbehalten, purpurfarbene Kleider, Schuhe, Umhänge und andere Kleidungsstücke zu tragen. Zur Färbung verwendete man den Saft der Purpurschnecke, dessen Fabrikation in speziellen, kaiserlich privilegierten Manufakturen vorgenommen und von ausgesuchten Beamten streng überwacht wurde. Man fing zunächst die an verschiedenen Stellen des Mittelmeeres vorkommenden Seeschnecken mit Netzen, zerquetschte sie oder nahm sie aus dem Gehäuse heraus. Dann salzte man sie ein und erhitzte sie. Aus der so entstandenen Brühe schöpfte man die Reste der Tiere heraus und tauchte die zu färbenden Stoffe ein. Anschließend trocknete man die gefärbten Textilien an der Sonne, wobei sich der Farbstoff allmählich entwickelte und die begehrte purpurrote Tönung annahm. Die Verletzung des kaiserlichen Vorrechts auf das Tragen so gefärbter Kleidungsstücke wurde mit dem Tode geahndet. Trotz dieser drakonischen Strafandrohung wurde offenbar das Verbot immer wieder übertreten, und auf dem Markt von Konstantinopel konnte man kleinere purpurfarbene Stoffstücken kaufen. Daß die strengen Verbote selbst für ausländische Gesandte galten, mußte der Bischof Liudprand von Cremona erfahren, der sich als offizieller Vertreter Ottos I. am byzantinischen Hof aufgehalten hatte. Bei seiner Ausreise wurden ihm von den kaiserlichen Zollbeamten fünf Stück Purpurstoffe abgenommen, die er sich auf dem Markt gekauft hatte. Aber nicht nur die Kleidung der byzantinischen Herrscher war als Zeichen der kaiserlichen Würde purpurrot gefärbt. Purpurfarben waren auch die Polster, auf denen der Gottgesalbte ruhte. Selbst die amtlichen Schreiben der kaiserlichen Hofkanzlei waren auf purpurgetränktem Pergament mit Goldschrift geschrieben, und der Kaiser unterzeichnete seine Dekrete mit einer speziellen, aus dem Saft der Purpurschnecke gefertigten Tinte. In der kirchlichen Liturgie und Rhetorik wurde die Purpurtinte der kaiserlichen Erlasse gern mit dem Blut Christi verglichen, um so die mystische Symbolik der Purpurfarbe zu unterstreichen.

Analog zur Purpurfarbe der kaiserlichen Kleidung und

der Purpurtinte der kaiserlichen Dekrete bildete auch der Porphyr ein herrscherliches Reservat. Dieses rotfarbene Mineral – das übrigens auch in anderen Farbtönen vorkommt – war ebenso wie die Drüsenabsonderung der Meeresschnecke von einem religiösen Nimbus umgeben. Der Beiname für byzantinische Prinzen und Prinzessinnen, Porphyrogennetos oder Porphyrogennete, besagte, daß es sich nicht um gewöhnliche Angehörige der kaiserlichen Familie handelte, sondern daß diese während der Herrschaftsjahre ihres Vaters in der Porphyra, einem porphyrgetäfelten Gebärzimmer im Kaiserpalast zu Konstantinopel, geboren worden waren. Auch in ihrem weiteren Leben sollten die byzantinischen Herrscher nach Möglichkeit nur von dem kostbaren Mineral umgeben sein. Die Stellen im Fußboden des Palastes, auf denen der Kaiser nach den Vorschriften des ausgeklügelten Hofzeremoniells zu stehen hatte, wurden mit runden Porphyrscheiben ausgelegt. Auf einer solchen Scheibe stand der Kaiser, wenn er beim Betreten des Palastes sein Gebet verrichtete. In der Hagia Sophia betete der Kaiser vor dem Betreten des Kirchenschiffs ebenfalls auf einer Porphyrscheibe. Die Stufen des Throns waren aus Porphyr; und selbst angesichts des Todes geziemte es sich für den gesalbten Herrscher, von dem erhabenen Stein umgeben zu sein. So wurde Kaiser Maurikios, als er 602 seinem Todfeind Phokas ausgeliefert wurde, die Gnade gewährt, auf einer Porphyrscheibe zu sterben; und Kaiserin Irene ließ ihren Sohn Konstantin in jenem porphyrgetäfelten Gemach blenden, in dem sie ihn geboren hatte.

Den Beinamen Porphyrogennete führen zu dürfen wie jene Prinzessin Anna, die im Jahre 988 mit Fürst Wladimir vermählt wurde, galt also als Zeichen göttlicher Gnade und Erwählung vor allen anderen Menschen, selbst vor jenen Angehörigen der kaiserlichen Familie, die nicht im Purpurgemach das Licht der Welt erblickt hatten. Religiöse Mystik und herrscherliche Macht waren in dieser Vorstellung aufs engste verknüpft. Es liegt auf der Hand, daß eine purpurgeborene Prinzessin nicht für jeden fremden Fürsten zu haben war. Eine solche Heirat und das daraus folgende Verwandtschaftsverhältnis zum byzantinischen Kaiser bedeutete in den Augen der damaligen Welt eine ungeheure Rangerhöhung. Denn nicht nur die Byzantiner selbst akzeptierten die auserwählte Stellung ihres Herrschers, sondern auch die fremden Herrscher waren von dieser Vorstellungswelt nicht unbeeinflußt. Für sie war Byzanz der Inbegriff von äußerem Glanz, unermeßlichem Reichtum und verfeinerter Kultur. Der byzantinische Kaiser war unerreichbares Ideal absoluter monarchischer Allgewalt und religiöser Legitimation. Was lag also näher, als daß sich auswärtige Herrscher um die Gunst des byzantinischen Hofes, um byzantinische Titel, byzantinische Herrschaftsinsignien und vor allem um ein möglichst enges Verwandtschaftsverhältnis zum byzantinischen Kaiserhaus bemühten. Nach byzantinischer Vorstellung thronte der Kaiser nicht nur über seinen eigenen Untertanen, sondern auch weit über den anderen Potentaten der Christenheit – von den Ungläubigen ganz zu schweigen. Wie um den Vater einer großen patriarchalischen Familie gruppierten sich um ihn herum seine mehr oder minder bevorrechteten Söhne, Töchter, Neffen und anderen Verwandten.[219]

Aus welchen geistesgeschichtlichen Quellen nährte sich dieses maßlose und oft wirklichkeitsfremde Selbstbewußtsein der Byzantiner? Christliches Sendungsbewußtsein verband sich hier mit dem imperialen Denken des untergegangenen Römischen Weltreiches und dem bis in die Zeiten der Polisdemokratie zurückreichenden hellenischen Bildungshochmut. Die Begriffe Byzantinisches oder Oströmisches Reich wurden erst von der späteren Geschichtswissenschaft geprägt. Ihrem Selbstverständnis zufolge betrachteten sich die Byzantiner als unmittelbare Nachfolger des römischen Imperiums, als die alleinigen Fortsetzer und Bewahrer der römischen Tradition. Sie bezeichneten sich als Rhomaioi, d. h. als Römer. Seit der Errichtung des okzidentalen Kaisertums durch Karl den Großen gab es im westlichen diplomatischen Sprachgebrauch zuweilen solche Titel wie »Imperator Graecorum« oder »Imperator Constantinopolitanus«. Byzanz reagierte auf solch ungebührliche Herabsetzungen stets mit heftigen Protesten.[220] Die von Konstantin gegründete Kaiserstadt am Bosporus nannte man das Neue oder das Zweite Rom und war der Ansicht, daß ihr ohnehin der Vorrang gebühre, da sie von Anfang an eine christliche Metropole gewesen sei, während in Rom, ihrer altersschwachen Vorgängerin, zwischen den verfallenen Tempelanlagen die Heidengötter spukten. Im römischen Papst war man bestenfalls bereit, den Bischof von Rom zu sehen, und die dort gekrönten Kaiser akzeptierte man – wenn überhaupt – nur zähneknirschend.

Gewiß gab es immer eine Diskrepanz zwischen Anspruch und Wirklichkeit. Als in späteren Jahrhunderten die Kaisermacht mehr und mehr verblaßte und man zum Schluß nur noch über die Hauptstadt und deren unmittelbare Umgebung gebot, bekam das byzantinische Selbstbewußtsein zuweilen lächerliche Züge. Als schließlich der letzte byzantinische Kaiser im Mai 1453, mit dem Schwert in der Hand gegen die türkischen Eroberer kämpfend, in den Straßen der Stadt starb, während in der Hagia Sophia die Gläubigen, auf ein Wunder hoffend, ihre Gebete zum Himmel sandten, gewann der unerschütterliche Glaube der Byzantiner, das auserwählte Volk des Neuen Bundes zu sein, Züge heroischer Tragik.

War es auch bis dahin noch ein weiter Weg, so waren doch schon zuvor Barbarenfürsten nur allzuoft in der Lage gewesen, an Byzanz Forderungen stellen zu können, die man dort nicht ohne weiteres beiseite schieben konnte. Aber auch für diese Situation enthält das Lehrbuch der byzantinischen Staatskunst des Konstantin Porphyrogennetos einen Ratschlag: »Kommen wir nun«, schreibt der kaiserliche Autor, »zu einer anderen Art von absurden und schimpflichen Forderungen, damit du hörest und erfährst, wie derselben würdevoll und angemessen zu entgegnen ist. Wenn irgendeines von diesen ungläubigen und unbedeutenden nördlichen Völkern zu verlangen beginnt, mit dem rhomäischen Kaiser in verwandtschaftliche Beziehungen zu treten, dessen Tochter zur Frau zu nehmen oder dessen Sohn zu verheiraten, mußt du auf diese absurde Forderung mit der Behauptung antworten, daß es auch dafür ein Verbot, eine schreckliche und unantastbare Verordnung des heiligen und großen Konstantin gebe, die eingemeißelt ist in eine heilige Tafel in der Kirche der Christen, der Hagia Sophia. Dort steht geschrieben, daß niemals ein Kaiser der Rhomäer eine Eheverbindung mit einer anderen Nation eingehen wird ..., insbesondere dann, wenn sie ungläubig und ungetauft ist.«

Ein solcher Barbarenherrscher, der für die byzantinische Diplomatie einfach ein Fürst – »archont« zu griechisch – ohne weitere schmückende und ehrende Beinamen war, erkühnte sich nun, eine byzantinische purpurgeborene Kaisertochter zu fordern. Die Tatsache, daß es ihm gelang, muß einen kaum zu überschätzenden Prestigegewinn gegenüber seinen eigenen Untertanen und mehr noch im Kreis der christlichen Völker bedeutet haben.

Und doch wäre es ein Irrtum anzunehmen, die unter so großen Schwierigkeiten heimgeführte Prinzessin Anna hätte fortan in der russischen Politik eine entscheidende Rolle gespielt. Die Nestorchronik erwähnt ihren Namen nur noch einmal, als sie im Jahre 1011 ihren Tod vermeldet. Es ist immer schwierig, aus dem Schweigen der Quellen Schlußfolgerungen zu ziehen. Doch es könnte wohl sein, daß Anna in Kiew wenig Glück beschieden war, denn Wladimir hatte keine Frau zum Traualtar geführt, sondern das mystische Symbol eines religiös-staatsrechtlichen Prinzips. So ist es durchaus möglich, daß Anna zwar als Objekt sakraler Verehrung und zudem als politisches Faustpfand gegenüber dem Kaiser von Byzanz – ihr Bruder Basileios II. regierte bis 1025 – hochgeehrt und von großer politischer Wichtigkeit war, sonst aber dem Fürsten wenig bedeutete. Man könnte sich weiter vorstellen, daß das Leben Annas nicht einfach war an einem Hof, an dem es von den früheren Frauen und Konkubinen ihres Mannes wimmelte und an dem deren Söhne bereits eine Rolle zu spielen begannen.

Doch derartige Vermutungen überschreiten die zulässige Grenze zwischen gesicherter Überlieferung und phantasievoller Spekulation. Tatsache ist immerhin, daß der Sohn und Nachfolger Wladimirs, Jaroslaw der Weise, nicht aus der Ehe mit Anna, sondern aus der älteren Verbindung mit der warägischen Fürstentochter Rogneda stammte. Swjatopolk, der Rivale Jaroslaws des Weisen beim Kampf um die väterliche Nachfolge im Jahre 1015, war der Chronik zufolge der Sohn jener griechischen Nonne, die Wladimir nach seinem Sieg über seinen Bruder Jaropolk als Siegesbeute behielt. Boris und Gleb, die ersten russischen Nationalheiligen, waren die Söhne einer namentlich nicht genannten Bulgarin. Ein weiterer Sohn entstammte der Ehe mit einer Tschechin, und zwei weitere Söhne werden vor der Heirat mit Anna erwähnt, so daß man für die Zeit vor 988 auf insgesamt zehn Söhne kommt. Später erwähnt die Chronik zwölf Söhne,[221] so daß immerhin die Möglichkeit besteht, daß zwei weitere Söhne aus der Ehe mit Anna stammten. Beide jedoch werden nur in dieser einen Aufzählung erwähnt und spielen in der weiteren Entwicklung keine Rolle.

Man wird dem im vorigen Kapitel zitierten Bericht der Chronik, die Prinzessin Anna habe beim Abschied von ihren Brüdern Tränen vergossen, kaum mehr als einen rein topologischen Charakter zuerkennen können; und doch mag man eine symbolische Bedeutung darin erkennen, daß der einzige von der Chronik überlieferte menschliche Zug der hochgeborenen Kaisertochter ihre Tränen waren.

## Das heilige Rußland

Der Bericht der Nestorchronik beginnt mit der Sintflut und der Aufteilung der Welt unter den Söhnen Noahs. Es folgt die biblische Legende vom Turmbau zu Babel und eine Beschreibung der Völker und Länder des Erdkreises. Dann wendet sich der Chronist seinem eigentlichen Thema, der Geschichte Rußlands, zu und erzählt die Legende von der Reise des Apostels Andreas in die nördlichen Länder: »Andreas lehrte in Sinope. Als er nach Korsun kam, erfuhr er, daß nicht weit von Korsun die Dneprmündung sei. Da er nach Rom ziehen wollte, fuhr er in die Dneprmündung hinein, und von dort fuhr er den Dnepr aufwärts. Und es fügte sich, daß er am Fuße der Anhöhen haltmachte. Und als er am anderen Morgen aufgestanden war, sprach er zu den Jüngern, die mit ihm waren: ›Seht ihr diese Berge? Über diesen Bergen wird Gottes Gnade leuchten; eine große Stadt wird hier entstehen, und viele Kirchen wird Gott errichten.‹ Und er ging auf die Anhöhen hinauf und segnete sie und errichtete ein Kreuz; und nachdem er zu Gott gebetet hatte, stieg er von dieser Anhöhe, auf der hernach Kiew entstand, herab und zog den Dnepr hinauf.«[222]

Andreas war dem Neuen Testament zufolge einer der zwölf Apostel Christi. In den Evangelien und der Apostelgeschichte jedoch steht er sehr im Schatten seines Bruders Petrus. Später erwähnt ihn die biblische Überlieferung nur noch am Rande. Seine exponierte Rolle im Kreise der Apostel verdankt er der apokryphen Überlieferung. Der Legende zufolge soll er in den Ländern nördlich des Schwarzen Meers gepredigt haben.

Die geschichtliche Glaubwürdigkeit der Andreaslegende ist unter den Kirchenhistorikern umstritten. Manche halten es durchaus nicht für unwahrscheinlich, daß der Apostel Andreas in Kleinasien und der nordpontischen Region christliche Gemeinden begründet habe.[223] Es gibt sogar vereinzelte Stimmen, die selbst den Besuch des Apostels in Kiew nicht ausschließen möchten.[224] So unsicher der historische Wahrheitsgehalt der Legende ist, so eindeutig ist deren theologischer und politischer Sinn: »Über diesen Bergen wird Gottes Gnade leuchten«, prophezeite der Jünger des Herrn am Fuße der Hügel von Kiew, »eine große Stadt wird hier entstehen, und viele Kirchen wird Gott errichten.«[225] Diese Vision eines der von Jesus ausgesandten Apostel stellt einen unmittelbaren heilsgeschichtlichen Bezug her zwischen dem durch die Evangelien überlieferten Geschehen und der Geschichte Rußlands. Die Taufe Rußlands rund ein Jahrtausend nach der Geburt und der Auferstehung des Herrn erhält durch die Missionsreise des Apostels Andreas einen festen Platz im göttlichen Heilsplan. Rußland ist durch sie einbezogen in den Kreis der von Gott erleuchteten Völkerschaften, und Kiew erhält durch die prophetische Predigt des Apostels einen, wenn auch nicht gleichberechtigten, so doch nicht ganz unwichtigen Platz neben den heiligen Stätten von Nazareth, Jerusalem, Rom und Konstantinopel.

Eine ähnliche heilsgeschichtliche Interpretation der Ereignisse um die Taufe Wladimirs nimmt der Metropolit Ilarion in seiner bereits mehrfach erwähnten Festhomilie

»Von Gesetz und Gnade« vor. Allerdings stellt er im Unterschied zur Nestorchronik nicht den Apostel Andreas, sondern Wladimir selbst in den Mittelpunkt seiner Geschichtsdeutung. Er sieht ihn dabei in einer Reihe mit den Aposteln: »Es preist aber mit preisenden Stimmen das römische Land den Petrus und Paulus, durch die sie zum Glauben an Jesus Christus, den Sohn Gottes, gekommen sind; Asien und Ephesus und Patmos Johannes den Theologen, Indien den Thomas, Ägypten den Markus – alle Länder und Städte und Völker ehren und rühmen ein jegliches den Lehrer, der es im orthodoxen Glauben unterwiesen hat. Preisen denn auch wir nach unserer Kraft ... den, der Großes und Wunderbares vollbracht hat, unseren Lehrer und Unterweiser, den großen Kagan unseres Landes, Wladimir.«[226]

Der russische Fürst war wie der biblische König David, der apostelgleiche Kaiser Konstantin und die christlichen Kaiser von Byzanz gottgesalbt; seine weltliche Macht war durch Gott errichtet und durch ihn legitimiert; der irdische Herrscher war der Stellvertreter des himmlischen Herrschers auf Erden. Die Kirche schrieb dem Fürsten die Rolle des Hirten der Herde Christi, des Hüters und Beschützers der Rechtgläubigkeit zu und predigte den Untertanen, daß die Mißachtung des Herrschers die Mißachtung Gottes selbst sei. In zahlreichen schmückenden Beinamen wie Gottgeliebter, von Gott Bewahrter, Christusgeliebter, Frömmster, Rechtgläubigster Herrscher u. a. fand der sakrale Charakter der fürstlichen Macht seinen Ausdruck. In der engen Verflechtung von weltlicher und geistlicher Obrigkeit und der quasireligiösen Verehrung der Macht fand der Einfluß der byzantinischen Ideenwelt vielleicht seinen deutlichsten Ausdruck. Die Symbiose von orthodoxer Kirche und Staat wurde so zu einem prägenden Grundelement der russischen Geschichte. Der Apostel Andreas, der auf den Hügeln von

Kiew die künftige Herrlichkeit der christlichen Metropole visionär erschaute, wurde zum Symbol dieser erstrebten Einheit.

An jener Stelle, an welcher der Überlieferung zufolge Andreas das Evangelium gepredigt hatte, wurde von 1744 bis 1767 nach den Plänen Bartolomeo Francesco Rastrellis eine Kathedrale errichtet. Neben dem Smolny in Leningrad und dem Katharinenpalast in Puschkin gehört die Andreaskirche zu den Meisterwerken des genialen Barockarchitekten. Sie wurde auf dem höchsten Punkt von Kiew, dem Andreashügel, erbaut, so daß der in zartem Blau und strahlendem Weiß gehaltene, mit vergoldeten Ornamenten reich geschmückte Kirchenbau weithin zu sehen ist. Die prachtvolle Kathedrale ist eines der wenigen architektonischen Denkmäler des Barocks in Kiew. Die einstige Hauptstadt der Rus war im Laufe der Jahrhunderte zu einer Provinzstadt am Rande des polnisch-litauischen Staates herabgesunken. Sie erreichte auch nach ihrer Wiederangliederung an Rußland im Jahre 1686 lange Zeit nicht ihre einstige historische Größe. So war es kein Zufall, daß eines der wenigen repräsentativen Bauwerke des 18. Jahrhunderts eine dem heiligen Andreas geweihte Kirche war. Der Namenspatron dieser Kathedrale verkörperte ein politisches Programm. Der Apostel Andreas, der als erster in Kiew das Evangelium verkündet hatte, war seit dem 16. Jahrhundert zum Schutzpatron des heiligen Rußland geworden. Auch Peter I. griff auf den heiligen Andreas zurück, als er sich im Jahre 1698 entschloß, nach westlichem Vorbild einen Verdienstorden zu stiften. Das Andreaskreuz mit den schräggestellten Balken wurde zum höchsten Orden des Russischen Reiches und blieb es bis zu dessen Ende im Jahre 1917.

Nach der Taufe Rußlands waren Wladimir noch sechsundzwanzig Herrschaftsjahre beschieden. Es waren dies vor allem Jahre des friedlichen Ausbaus und der Festigung des Erreichten. Das Hauptaugenmerk des Fürsten lag in dieser Zeit auf der Ausbreitung des christlichen Glaubens, zunächst bei der Oberschicht und in den Herrschaftszentren Kiew und Nowgorod, später im ganzen Land. Die Quellen berichten hiervon ausführlich. Bei Ilarion heißt es: »Da dies (die Taufe – Anm. d. Verf.) aber geschehen war, ließ er hier nicht enden das Werk seiner Frömmigkeit, offenbarte er nicht nur hiermit die Liebe zu Gott, die in ihm war, sondern wirkte mehr und gebot über sein ganzes Land hin, daß man sich taufen lasse auf den Namen des Vaters und des Sohnes und des Heiligen Geistes und daß die Heilige Dreifaltigkeit in allen Städten klar und lautstimmig gepriesen werde und daß alle Christen seien, die Kleinen und die Großen, die Sklaven und die Freien, die Jungen und die Alten, die Bojaren und die einfachen Leute, die Reichen und die Armen. Und da war auch nicht einer, der sich seinem frommen Befehl widersetzt hätte. Und wenn jemand sich auch nicht aus Liebe taufen ließ, so aus Furcht vor dem, der es gebot, denn seine Frömmigkeit war mit Macht verbunden.«[227]

Diese erstaunlich offenen Worte des Metropoliten Ilarion sind einer der wenigen Hinweise darauf, daß das riesige und unwegsame Land nicht wie durch ein Wunder Gottes vom Christenglauben erleuchtet wurde, sondern daß die Durchsetzung der neuen Religion ein längerer, von der politischen Führungsschicht getragener und vorangetriebener Prozeß war. Am Anfang stand die öffentliche Schmähung und Zerstörung der heidnischen Götzenbilder in Kiew, von der uns die Nestorchronik einen anschaulichen und lebendigen Bericht gibt. Nachdem

Wladimir aus Korsun zurückgekehrt war, berichtet die Chronik, »befahl er, die Götzenbilder umzustürzen, die einen zu zerschlagen und die anderen dem Feuer zu übergeben. Den Perun aber befahl er an den Schwanz eines Pferdes zu binden und ihn von der Anhöhe herab durch den Boritschew zum Rutschai zu schleifen; zwölf Männer bestellte er, ihn mit Ruten auszupeitschen; dies aber nicht, weil das Holz etwas fühlen würde, sondern dem Teufel zum Hohn, der unter dieser Gestalt die Menschen täuschte, daß er die Strafe empfange von den Menschen ... Als er nun durch den Rutschai zum Dnepr geschleift wurde, beweinten ihn die ungläubigen Menschen, denn sie hatten die Taufe noch nicht empfangen. Und nachdem man ihn herangeschleppt hatte, warf man ihn in den Dnepr. Und Wladimir gab Befehl und sagte: ›Wenn er irgendwo an Land kommt, dann stoßt ihr ihn vom Ufer weg, bis er durch die Stromschnellen hindurch ist, weiter kümmert euch nicht mehr um ihn!‹ Da taten sie das Befohlene. Und als sie losließen, trieb er durch die Stromschnellen, und der Wind warf ihn auf eine Sandbank...«[288]

Kein Kenner der modernen Massenpsychologie hätte diese öffentliche Hinrichtung des Donnergottes Perun besser organisieren können. Die Zerstörung der heidnischen Kultstätte, die Auspeitschung des gefürchteten Gottes und dessen anschließender Sturz in den Dnepr waren eine perfekt in Szene gesetzte Schaustellung der Ohnmacht der alten Heidengötter. Für die Anhänger des traditionellen Kultes konnte es nun keinen Zweifel mehr geben, daß der Gott der Christen der stärkere und überlegenere war. Um den Vorgang in seiner ganzen Tragweite begreifen zu können, muß man sich die Vorstellungswelt der polytheistischen Stammesreligionen vergegenwärtigen. Ihnen war der universalistische Wahrheitsanspruch der monotheistischen Offenbarungsreligionen wesensfremd. Es war ihnen selbstverständlich, daß andere Völker andere Götter hatten, und sie wären schwerlich auf die Idee verfallen, Andersgläubigen ihre Stammesgötter aufzwingen zu wollen, es sei denn, man hätte sie unterworfen und in ein Abhängigkeitsverhältnis gebracht. Dann allerdings hätten sich auch die Gottheiten der Unterworfenen den Siegern zu beugen. Die Vielgötterei war in gewisser Weise tolerant, zumindest bot sie in ihrem polytheistischen Pandämonium den verschiedensten Göttern einen Platz. Auch der Christengott wird in den Augen der ungetauften Kiewer nicht viel mehr als ein Gott unter vielen gewesen sein. Immerhin war er der Gott der Byzantiner, von deren Macht und Reichtum man gehört hatte. Aber Byzanz war weit. Nur ein eindeutiger Beweis für die Überlegenheit des Christengottes würde die Heiden bewegen können, sich dem fremden Gott unterzuordnen. Und welch schlagenderen Beweis für die Macht des fremden Gottes konnte man sich vorstellen, als daß seine Anhänger in der Lage waren, ungestraft die Heiligtümer des ostslawischen Donnergottes zu zerstören! Das Christentum und andere Hochreligionen sind in ihrer Geschichte aus Leiden und Verfolgungen oft gestärkt hervorgegangen. Auch die Zerstörung ihrer Gotteshäuser und sakralen Kultgeräte hat die Gläubigen in ihrem Gottvertrauen häufig eher bestärkt, als daß sie darum an der Wahrheit ihrer Religion verzweifelt wären – man denke nur an die lange Leidensgeschichte des Judentums. Den slawischen Donnergott aber mußte die schmachvolle Behandlung durch seine Widersacher in den Augen seiner Anhänger auf ewig diskreditieren. Daß es die Frevler wagen durften, sein Heiligtum zu schänden, sein Standbild auszupeitschen und, an den Schwanz eines Pferdes gebunden, durch die Stadt zu zerren, mußte den Nimbus des Heidengottes unwiderruflich vernichten.

Wohl wissend um diesen Zusammenhang, griffen die christlichen Glaubensboten zu verschiedenen Zeiten immer wieder zu diesem einfachen, aber wirkungsvollen Mittel und bewiesen auf diese ganz und gar untheologische Weise die Glaubenswahrheit des Evangeliums. Es konnte allerdings geschehen, daß die empörten Heiden, wenn die unmittelbare Reaktion des beleidigten Gottes ausblieb, zur Selbsthilfe griffen und die unverschämte Freveltat eigenhändig sühnten. Gegen den gewaltsamen Widerstand der Anhänger des Heidentums schützten Wladimir allerdings die Autorität seines Fürstenamtes und die hinter ihm stehende bewaffnete Macht. Wie heißt es doch bei Ilarion: »Und wenn sich jemand auch nicht aus Liebe taufen ließ, so aus Furcht vor dem, der es gebot, denn seine Frömmigkeit war mit Macht verbunden.«[229] Es gibt zwar zahlreiche Belege für das untergründige Weiterleben heidnischer Glaubensvorstellungen und Sitten, aber kaum Hinweise auf einen offenen Widerstand gegen die von der Obrigkeit befohlene Christianisierung. Der häufig zitierte Bericht, in Nowgorod hätte die Einführung des Christentums zu einem regelrechten Aufstand geführt, entstammt der von Tatischtschew exzerpierten Joakimschronik, deren Echtheit sehr umstritten ist. Dem Bericht dieser Quelle zufolge soll der erste Bischof von Nowgorod namens Joakim ebenfalls ein hölzernes Standbild des Perun in den durch die Stadt fließenden Wolchow geworfen haben. Daraufhin sei es zu schweren Kämpfen zwischen den Anhängern des neuen und des alten Glaubens gekommen, in deren Verlauf der von Wladimir entsandte Statthalter Dobrynja Nowgorod angezündet haben soll.

Dem Sturz der Heidengötter folgte die Einführung des Christenglaubens in der ganzen Rus. Am Anfang stand jene symbolträchtige Massentaufe im Dnepr, von welcher uns die Nestorchronik eine einprägsame Schilderung gibt. Auf fürstlichen Befehl versammelten sich am Morgen nach der Zerstörung des heidnischen Kultplatzes die Einwohner von Kiew am Ufer des Dnepr. Zum Teil mit ihren Kindern im Flachen watend, zum Teil bis zur Brust oder sogar bis zum Hals im Wasser stehend, empfingen sie dann von den anwesenden Priestern die heilige Taufe. »Da begann das Dunkel der Götzenverehrung von uns zu weichen, und die Morgenröte der Frömmigkeit erschien«, heißt es bei Ilarion. »Da ging die Finsternis des Dämonendienstes unter, und die Sonne des Evangeliums bestrahlte unser Land; Götzentempel wurden zerstört, und Kirchen wurden errichtet; Idole wurden zerbrochen, und Ikonen und Heilige erschienen; die Dämonen flohen davon, das Kreuz heiligte die Städte; die Hirten der geistlichen Schafe Christi, die Bischöfe, traten vor den heiligen Altar, darbringend das unblutige Opfer...«[230]

Die Nestorchronik schildert den Vorgang in ähnlich emphatischer Weise. Wladimir, heißt es dort, »befahl ... Kirchen zu zimmern und an den Stellen zu errichten, wo Götzenbilder gestanden hatten. Und er errichtete die Kirche des heiligen Basileios auf einem Hügel, wo das Götzenbild des Perun gestanden und wo der Fürst und seine Leute Opfer dargebracht hatten. Und er ließ in den Städten Kirchen errichten und setzte Priester ein und ließ die Menschen in allen Städten und Dörfern zur Taufe führen.«[231]

Trotz der Chronikberichte wissen wir jedoch faktisch sehr wenig über die institutionelle Gestalt der christlichen Kirche zu Wladimirs Lebzeiten. Erst mit dem Jahre 1039 betreten wir in der russischen Kirchengeschichte sicheren Boden. In diesem Jahr wurde laut Nestorchronik »durch den Metropoliten Theopemptos ... die Kirche der heiligen Gottesmutter eingeweiht, die Wladimir ... gegründet hatte«.[232] Für das halbe Jahrhundert zwischen der Taufe und der Einweihung der Metropolitankirche zu

Kiew besitzen wir jedoch keine sicheren Zeugnisse über den kirchenrechtlichen Status und die jurisdiktionelle Unterstellung der russischen Kirche. Wir kennen weder die Namen der frühen Metropoliten, noch wissen wir genau, in welcher Stadt sie residiert haben. War wirklich Kiew oder zunächst Korsun oder Tmutarakan das kirchliche Zentrum Rußlands, wie es einige Historiker zu beweisen versucht haben? Es ist nicht einmal eindeutig nachweisbar, daß es überhaupt eine eigenständige russische Kirchenprovinz gegeben hat und daß diese dem Patriarchen von Konstantinopel unterstand. Angesichts dieser Unsicherheiten wurden insbesondere in der ersten Hälfte unseres Jahrhunderts eine Reihe recht gewagter Theorien entwickelt. So versuchte man beispielsweise, die Rolle Roms bei der Christianisierung der Rus aufzuwerten, oder es wurde ein ursprüngliches Unterstellungsverhältnis unter die bulgarische Kirche angenommen.[233]

Für die Biographie Wladimirs spielen diese diffizilen Fragen eine nur untergeordnete Rolle, so daß an dieser Stelle der Hinweis auf die Forschungen von Ludolf Müller genügen muß. Der Tübinger Kirchenhistoriker hat in einer quellenanalytischen Studie die traditionelle Auffassung gegen alle Zweifel verteidigt; seitdem hat es breite Anerkennung gefunden, daß von Anfang an eine Kiewer Metropolie unter der kirchlichen Jurisdiktion von Byzanz bestanden habe.

Ein Indiz für die enge Bindung an Byzanz ist die Nachricht der Chronik, die Baumeister der Kirche der allerheiligsten Gottesmutter wären aus Griechenland gekommen.[234] Wladimir – so berichtet die Chronik – »schmückte sie mit Ikonen aus und vertraute sie Anastas aus Korsun an und bestimmte Korsuner Priester, in ihr den Dienst zu versehen. Er gab dorthin alles, was er aus Korsun mitgenommen hatte – Ikonen und Gefäße und Kreuze«[235]. Bezeichnend für die Rezeption der geistigen

Reichtümer des christlichen Imperiums von Byzanz ist auch die interessante Nachricht über die Einrichtung von Schulen, in denen die Kinder der Bojaren im Lesen und Schreiben unterrichtet werden sollten. »Dann schickte er aus«, schreibt der Chronist, »und ließ von den angesehensten Männern die Kinder zur Unterweisung in den Schriften holen. Die Mütter dieser Kinder aber weinten um sie, denn sie waren noch nicht fest im Glauben, und so beweinten sie sie wie Tote. Da diese nun zur Unterweisung in den Schriften weggegeben wurden, erfüllte sich im russischen Land die Prophezeiung, die heißt: ›In jenen Tagen werden die Tauben hören die Worte des Buches, die Zunge der Stammelnden wird deutlich sein.‹ Denn sie hatten vorher kein Wort aus der Schrift gehört ...«[236]

Abgesehen von den wenigen Nachrichten über die Ausbreitung und Befestigung des Christenglaubens, berichtet die Chronik in den letzten Herrschaftsjahren Wladimirs vor allem von den Überfällen der Steppenvölker. Die Petschenegen machten in jenen Jahren der Rus schwer zu schaffen. Wladimir versuchte in den beiden letzten Jahrzehnten seiner Regierung, die Steppengrenze schrittweise weiter nach Süden vorzuschieben und zu befestigen. Die Chronik berichtet über die Neuanlage von Städten südlich von Kiew. Trotz dieser Bemühungen wurde das Land immer wieder von den berittenen Nomadenhorden heimgesucht.[237]

Die Chronik enthält für die Regierungsjahre Wladimirs einige anekdotenhafte Erzählungen, die ihren folkloristischen Ursprung nicht verleugnen. Die Persönlichkeit Wladimirs bleibt bei alledem jedoch blaß und unbestimmt. Am ehesten gewinnt sie ein eigenständiges Profil in den Berichten über die ausgedehnten und üppigen Gastmähler am fürstlichen Hof zu Kiew. Hier gelingt es dem Erzähler, die christliche mit der volkstümlichen Überlieferung in Einklang zu bringen.

Während eines Feldzuges gegen die Petschenegen war Wladimir in unmittelbare Lebensgefahr geraten. Zusammen mit seiner kleinen Gefolgschaft war er dem Feind entgegengezogen, hatte sich aber zu weit vorgewagt. Plötzlich standen die Russen einer so großen Übermacht gegenüber, daß Wladimir die Umkehr befahl. Der Rückzug verwandelte sich aber in eine heillose Flucht. Wladimir mußte sich vor seinen Verfolgern unter einer Brücke verbergen und entkam ihnen so mit knapper Not. In der Stunde der Gefahr gelobte der Herrscher, in Wassiliew eine Kirche der heiligen Verklärung zu errichten.

»Nachdem Wladimir der Gefahr entronnen war, ließ er die Kirche erbauen; und er richtete ein großes Fest aus, wozu er dreihundert Maß Met hatte brauen lassen. Er lud seine Bojaren, die Statthalter und die Ältesten aus allen Städten und viel Volks ein und verteilte dreihundert Griwnen an die Armen. Nachdem der Fürst acht Tage hindurch gefeiert hatte, kehrte er am Tage der Himmelfahrt der heiligen Gottesmutter nach Kiew zurück und richtete hier wiederum ein großes Fest aus, zu dem er eine zahllose Menge Volks lud. Als er nun sah, daß die Menschen Christen waren, freute er sich mit Seele und Leib. Und so machte er es alle Jahre. Denn er liebte die Worte der Schrift, hatte er doch einst die Evangelienlesung vernommen: ›Selig sind die Barmherzigen, denn sie werden Barmherzigkeit erlangen ...‹

Da er dies gehört hatte, ließ er jeden Bettler und Armen auf den Fürstenhof kommen und dort alles Notwendige in Empfang nehmen: Trinken und Essen sowie Geld aus der Schatzkammer. Er ordnete noch folgendes an und sagte: ›Die Schwachen und Kranken können nicht bis zu meinem Hof kommen‹, und er befahl, Wagen herzurichten und, nachdem er Brote und Fleisch und Fische, verschiedene Früchte, Met in Fässern und in anderen Kwaß hatte aufladen lassen, sie durch die Stadt zu fahren und zu fragen: ›Wo ist hier ein Kranker und Armer, der nicht gehen kann?‹ An diese verteilte er dann alles Nötige.

Ferner tat er folgendes für seine Leute: Alle Sonntage ließ er in der Halle auf dem Fürstenhof ein Festmahl herrichten, die Bojaren und seine Leute sowie die Hundertschafts- und Zehnerschaftsführer und die vornehmen Fürsten und angesehenen Männer dazu einladen, bei Anwesenheit des Fürsten und auch bei Abwesenheit des Fürsten. Es gab eine Menge Fleisch, von Haustieren und vom Wild, und es gab alles in Fülle.«[237]

So wird in den Quellen das Bild eines nahezu idealen christlichen Friedensfürsten entworfen, der sein Land gegen die heidnischen Steppenvölker durch großangelegte Festungsbauten schützte, mit den christlichen Nachbarn in Frieden lebte und im Innern mit solcher Mildtätigkeit und Sanftmut regierte, daß ihn die Bischöfe ermahnen mußten, gegen das Räuberunwesen mit der ganzen Strenge des Gesetzes vorzugehen. Wladimir war nämlich von Zweifeln geplagt worden, ob es nicht Sünde sei, einen Räuber mit dem Tode zu bestrafen. »Sie aber sagten zu ihm: ›Du bist von Gott eingesetzt zur Bestrafung der Bösen und um Erbarmen zu üben gegenüber den Guten. Auferlegt ist es dir, einen Räuber mit dem Tode zu bestrafen, aber erst nach einer Untersuchung.‹«[238]

Man mag auch hier wieder einwenden, daß die altrussischen Chronisten das Bild ihres ersten christlichen Herrschers stark idealisiert haben. Denn viel ist es nicht, was die Chronik an realen historischen Ereignissen überliefert; und es häufen sich wieder die sogenannten leeren Jahre. Doch gibt es andererseits auch keinen konkreten Hinweis darauf, daß das durch die Quellen überlieferte Bild des Friedensfürsten grundsätzlich falsch ist. Wenigstens außenpolitisch waren es, abgesehen von den Petschenegeneinfällen, Jahre des Friedens für Rußland.

So kann man es fast als Ironie der Geschichte bezeichnen, daß am Ende der langen und friedvollen Regierungszeit Wladimirs des Heiligen ein blutiger Nachfolgekampf stand, der als Krieg zwischen Vater und Sohn begann und nach dem plötzlichen Tode Wladimirs am 15. Juli 1015 als Bruderkrieg fortgesetzt wurde. Wie ein furchtbares Menetekel hatte am Beginn der Herrschaft Wladimirs der Brudermord gestanden. Jetzt schien sich die Geschichte mit vertauschten Rollen zu wiederholen. Wie seinerzeit Wladimir war nun dessen Sohn Jaroslaw von seinem Vater in Nowgorod als Statthalter eingesetzt worden. Genau wie fünfunddreißig Jahre zuvor Wladimir verweigerte jetzt Jaroslaw dem rechtmäßigen Kiewer Großfürsten die Gefolgschaft und stellte die Steuerzahlungen ein – 2000 Griwnen sollen es laut Nestor gewesen sein. Dieses Geld nutzte Jaroslaw, um eine Gefolgschaft anzuwerben. So wie einst Wladimir stützte sich Jaroslaw im Kampf um den Kiewer Thron auf einen warägischen Söldnerhaufen. Und wie sein Vater hatte auch Jaroslaw Schwierigkeiten mit den rauhen, ungebärdigen Nordleuten. In Nowgorod kam es zu bewaffneten Auseinandersetzungen zwischen den skandinavischen Söldnern und den Einwohnern der Stadt.

Währenddessen rüstete Wladimir in Kiew zum Krieg gegen seinen Sohn. »Aber Gott gewährte dem Teufel das Vergnügen nicht«, wie die Nestorchronik sich ausdrückt. Während der Vorbereitungen zum Kriegszug ereilte Wladimir das Schicksal. Plötzlich und unerwartet starb der russische Herrscher am 15. Juli 1015 in Berestowo unweit von Kiew.

Niemand schien mit seinem Tode gerechnet zu haben, denn Wladimir war durchaus noch kein Greis, als er starb. Wir kennen zwar das genaue Datum seiner Geburt nicht; wenn man aber davon ausgeht, daß Wladimir bei seiner ersten Erwähnung in der Chronik im Jahre 968 etwa zwölf bis vierzehn Jahre alt war, so kommt man auf eine Lebensdauer von etwa sechzig Jahren.

Für die Plötzlichkeit seines Todes sprechen auch die mysteriösen Umstände der Überführung seiner sterblichen Hülle nach Kiew. Die Nestorchronik berichtet darüber folgendes: »Er verstarb in Berestowo, und man verheimlichte es, denn Swjatopolk war in Kiew. In der Nacht aber durchbrach man den Fußboden zwischen zwei Kammern, richtete den Leichnam in einem Teppich zur Bestattung her und ließ ihn an Stricken auf die Erde herab; dann legte man ihn auf einen Schlitten, fuhr ihn und bahrte ihn in der Kirche der heiligen Gottesmutter auf...«[239]

So dunkel die Aussage dieser Erzählung auch immer sein mag, sie ist doch ein deutlicher Hinweis darauf, daß die Nachfolgefrage zum Zeitpunkt des Todes von Wladimir noch gänzlich ungeregelt war. Bei aller von den Chronisten gerühmten Weisheit und fürstlichen Autorität hatte es Wladimir verabsäumt, in der Rus eine Thronfolgeordnung einzuführen. Dem Bruderkrieg waren nun Tür und Tor geöffnet. Während vom Norden her Jaroslaw mit seinem normannischen Hilfskorps heranrückte, setzte sich Swjatopolk in den Besitz der Residenz und ließ seine beiden Brüder Boris und Gleb ermorden. Der Legende zufolge blieben die beiden trotz des drohenden Mordes dem Gebot der christlichen Bruderliebe treu und setzten sich nicht zur Wehr. So gingen sie in die russische Geschichte als die ersten Nationalheiligen ein.

Zwischen den anderen Söhnen Wladimirs ging der erbarmungslose Machtkampf weiter. Jaroslaw, nun in der Pose des Rächers seiner beiden ermordeten Brüder, und Swjatopolk waren dabei die Hauptkontrahenten. Im Jahre 1019 schließlich setzte sich endgültig Jaroslaw durch. Unter ihm, dem die Geschichtsschreiber den ehrenden Namen Jaroslaw der Weise verliehen haben, befestigte sich das Christentum in der Rus, und sein Reich erlebte einen ersten glanzvollen Höhepunkt an innerer Stabilität und äußerer Machtentfaltung. So sind die Worte des Metropoliten Ilarion in seiner »Lobpreisung Wladimirs«, die er wahrscheinlich aus Anlaß des Todestages des Herrschers im Beisein seines Sohnes Jaroslaw in der Zehntkirche zu Kiew vortrug, trotz aller glanzvollen Rhetorik nicht ohne innere Berechtigung. Bei Ilarion heißt es: »Stehe auf, o ehrwürdiges Haupt, aus deinem Grabmal, stehe auf, schüttle den Schlaf ab! Denn du bist nicht gestorben, sondern schläfst bis zur allgemeinen Auferstehung aller. Stehe auf, du bist nicht gestorben, denn nicht ziemt es sich dir zu sterben, der du geglaubt hast an Christus, das Leben der ganzen Welt. Schüttle den Schlaf ab, erhebe die Augen, auf daß du siehst, wie der Herr, der dich dort einer solchen Ehre gewürdigt, dich auch auf Erden nicht ohne Andenken gelassen hat – durch deinen Sohn. Stehe auf, siehe dein Kind Georgij (der christliche Taufname Jaroslaws – Anm. d. Verf.), siehe deinen Herzensschatz, siehe deinen Lieben, siehe ihn, den der Herr aus deinen Lenden hat hervorgehen lassen, siehe ihn, der den Thron deines Landes schmückt, und freue dich und sei fröhlich. Dazu siehe auch deine fromme Schwiegertochter Irina, siehe deine Enkel und Urenkel, wie sie leben, wie sie vom Herrn behütet sind, wie sie Frömmigkeit halten nach deiner Überlieferung, wie sie so oft die heiligen Kirchen besuchen, wie sie Christus rühmen, wie sie seinen Namen anbeten.

Siehe aber auch die Stadt, die in Majestät erstrahlt, siehe die Kirchen, wie sie blühen, siehe die Christenheit, wie sie wächst, siehe diesen Tempel, wie er glänzt, erleuchtet von den Ikonen der Heiligen, durchweht von Weihrauchduft und durchtönt vom Lobe Gottes und von heiligen Gesängen.«[240]

# Epilog

## Fürst Wladimirs Tafelrunde

Im Jahre 1859 wurde ein junger Beamter namens Rybnikow in die Gouvernementskanzlei von Petrosawodsk versetzt. Schon bei seinen Antrittsbesuchen hörte er von ansässigen Bürgern, daß sich unter der Landbevölkerung der Umgebung eine große Menge alter Bräuche, Lieder und Sagen erhalten habe. Rybnikow, der sich schon während seiner Universitätsjahre für russische Volksbräuche interessiert hatte, beschloß, den Aufenthalt in dem kleinen, im äußersten Nordwesten Rußlands gelegenen Städtchen zu nutzen, um Material aus der Volksüberlieferung zu sammeln. Er hatte bereits früher von umherziehenden Sängern gehört, die lange Epen vortrugen, die von Helden aus grauer Vorzeit berichteten. Schon in der Mitte des 18. Jahrhunderts waren einige solcher Lieder von einem Beamten der Bergwerksverwaltung von Perm im Uralgebiet aufgezeichnet und 1804 aus dem Nachlaß herausgegeben worden.[241] Rybnikow unternahm zunächst Ausflüge zu den Jahrmärkten der Umgebung, wo er solche Sänger zu treffen hoffte. Aber seine Bemühungen blieben vorerst ergebnislos. Im Frühsommer 1860 erhielt er den dienstlichen Auftrag zu einer Reise nach Pudoga am nördlichen Ufer des Onegasees. Er beschloß bei dieser Gelegenheit, nicht als Beamter zu reisen, sondern wie ein gewöhnlicher Bauer oder Händler im traditionellen russischen Gewand, um die Volksbräuche besser studieren zu können. Mit einer schlecht gezimmerten Barke, die Lebensmittel nach Petrosawodsk gebracht hatte und nun nach Pudoga zurück wollte, begab er sich auf die Reise. Unterwegs brach ein Sturm los, und die Schiffe mußten an einer Insel Schutz suchen, um dort die Nacht abzuwarten. Auf der Insel war ein Haus, wo die Schiffer die Nacht zu verbringen pflegten. Es war jedoch in der Hütte so heiß und stickig, daß Rybnikow nicht einschlafen konnte. Er beschloß, die Nacht unter freiem Himmel zu verbringen. Draußen brannte ein Holzstoß, um den herum Fischer und Fährleute saßen und Tee tranken. Er aß etwas aus seinem Reisevorrat und trank einen Becher Tee, dann legte er sich neben das Feuer und schlief ein. Er hatte noch nicht lange geschlafen, als ihn ein eigentümlicher Gesang weckte. »Ich hatte«, so erzählt er, »bis dahin schon viele Lieder und kirchliche Gesänge gehört, aber noch niemals eine solche Weise. Lange zögerte ich, die Augen zu öffnen ..., so glücklich war ich über den ungewohnten Eindruck.«[242] Endlich schlug er doch die Augen auf und erblickte einige Schritte von sich entfernt einen Bauern mit grauem Haar und dichtem weißem Bart. Der Alte sang am halbverlöschten Feuer ein langes Heldenlied in einem einfachen, reimlosen Versmaß. Als er das Lied beendet hatte, begann er ein neues. Er wandte sich dabei bald an den einen, bald an den anderen der um ihn im Kreis sitzenden, aufmerksam lauschenden Zuhörer.

Rybnikow bat am nächsten Morgen den Sänger, ihm die Lieder zu wiederholen, damit er mitschreiben könne. Der Alte, Leontij war sein Name, erklärte sich hierzu bereit. Die beiden schlossen Freundschaft, und Leontij blieb während der ganzen Reise Rybnikows Begleiter. Er sang ihm nicht nur die Lieder vor, die er selbst aus dem Gedächtnis wußte, sondern vermittelte ihm auch die Bekanntschaft mit anderen Sängern. Die so aufgezeichneten

Bylinen, wie der durch die Forschung geprägte Name für die mündlich überlieferten russischen Heldenepen lautet, bildeten den Grundstock für die vierbändige Sammlung, die Rybnikow von 1861 bis 1867 veröffentlichte und die ihm großen wissenschaftlichen Ruhm einbrachte.

Die Bylinen, die in abgelegenen Gebieten Nordrußlands und Sibiriens bis in die ersten Jahrzehnte unseres Jahrhunderts hinein lebendig geblieben waren, vermischen in unbekümmerter Weise historische Überlieferungen mit den unterschiedlichsten Märchen- und Sagenmotiven. Man hat ohne großen Erfolg versucht, einzelne Gestalten der Bylinendichtung mit historischen Persönlichkeiten zu identifizieren. Ob Ilja Muromez oder der legendäre Recke Swjatogor realen geschichtlichen Vorbildern entsprechen, blieb jedoch unklar. Die einzige unzweifelhaft historische Gestalt der russischen Volksdichtung ist Großfürst Wladimir der Heilige.

Wir wissen nicht, welches der vielen Heldenlieder der Sänger Leontij in jener stürmischen Frühsommernacht am Lagerfeuer gesungen hat. Rybnikow verschweigt uns dieses Detail. Möglicherweise aber war es eines jener Lieder, die ihren Ausgangspunkt von der Tafelrunde des Fürsten Wladimir nehmen. Die Bylinenforscher halten diese Lieder für die älteste Schicht der russischen Volksdichtung. Die Gesänge dieses Sagenkreises beginnen immer in gleicher Weise. In der weißsteinernen Burg am schnellströmenden Dnepr residiert der mildtätige, weise Fürst Wladimir, Kiews helle Sonne genannt. Wie die Ritter in der Tafelrunde des König Artus der keltischen Sage sitzen hier die Helden beieinander in den hohen, goldverzierten Hallen der steinernen Burg Kiew bei fröhlichem Zechgelage. Hier hat jedermann Zutritt, nicht nur die Krieger der Gefolgschaft, sondern alle Einwohner der Stadt. Mit gleich herzlichem Willkommen begrüßt Fürst Wladimir jeden Gast, ob Recke, Bauer oder Handelsmann. In der

Mitte der größten Halle steht ein runder Eichentisch. Da erzählt man sich von den wunderbaren und erstaunlichen Taten. Da überbieten sich die zechenden Recken im fröhlichen Wettstreit der Worte. Hier wird manche Heldentat ersonnen und geplant. Von hier aus zieht man in die Welt hinaus, um nach der Rückkehr mit wunderbaren Abenteuern zu prahlen. Unterdessen wird üppig getafelt und gezecht. Unter den reichgefüllten Schüsseln ächzt die eicherne Tafel, und es kreist das mächtige Trinkhorn. Immer wieder füllt der Fürst selbst das riesige Stierhorn, welches anderthalb Pud wiegt und anderthalb Eimer faßt. Der Fürst reicht es dem einen oder dem anderen der Rekken. Der hebt es auf mit einer Hand und trinkt es aus in einem Zug. Zuweilen schallen rauhe Lieder durch die Hallen, so daß die Fenster zerspringen und die Mauern erzittern. Die Schlachtrosse auf dem Hof beginnen unruhig mit den Hufen zu scharren. Es wird so lange gegessen und getrunken, bis Wladimir und seine Gefährten erschöpft von den Sitzen sinken. Drei Tage und drei Nächte bleiben sie dann liegen und schlafen ihren Rausch aus.

So lebt Wladimir im Gedächtnis des russischen Volkes. Fast ein Jahrtausend lang wurden die Heldenepen, in deren Mittelpunkt er stand, von Generation zu Generation weitergegeben, ohne jemals schriftlich aufgezeichnet zu werden. Natürlich hat der historische Wladimir mit seinem literarischen Spiegelbild nicht viel mehr zu tun als der König Etzel des Nibelungenliedes mit dem geschichtlichen Hunnenherrscher Attila oder Karl der Große mit dem Kaiser aus dem Volksbuch von den vier Heymonskindern. Wladimirs große historische Leistung, die Annahme des Christentums für Rußland, wurde in der Volksdichtung vergessen. Aber in den Spinnstuben und Bauernhütten wurden jahrhundertelang seine Freigebigkeit und Mildherzigkeit gerühmt, und es wurde von den ausgedehnten Schmausereien und üppigen Festgelagen an

Wladimirs Hof gesungen. So ging Wladimir auch in die russische Dichtkunst ein. Puschkin läßt sein Poem »Ruslan und Ludmila« ebenfalls von der Tafelrunde des Fürsten Wladimir ausgehen:

»Besonnt von seiner Taten Ruhm,
Saß zechend in der Tafelrunde
Der Söhne und der Freunde all
Der Fürst Wladimir froh beim Mahl;
...
Wenn unsere Ahnen speisten,
Dann mußte es vergnüglich sein.
Schöpfkellen, Silberschalen kreisten
Mit goldenem Bier und edlem Wein.
Geruhsam tranken sie und flößten
Sich Heiterkeit ins Herz hinein.
Die Diener schenkten allen Gästen
Mit Ehrerbietung ständig ein.«[243]

# Anmerkungen

Namen und Kurztitel in Kursivschrift verweisen auf das Literaturverzeichnis.
PVL = *Povest vremennych let.*

1 PVL I, 80.
2 *Ebd.*, 80.
3 *Ebd.*, 81.
4 *Kämpfer*, 106f.
5 *Oljančyn.*
6 *Sotnikova*, 119.
7 *Tolstoj*, 4.
8 *Sotnikova*, 119.
9 *Molčanov.*
10 *Laehr*, 71.
11 *Kämpfer*, 111–114; *Lazarev.*
12 PVL I, 42.
13 *Ebd.*, 46.
14 *Konst. Porph.*: De administrando, 64.
15 PVL I, 48.
16 *Ebd.*, 48.
17 *Ebd.*, 48.
18 *Ebd.*, 49.
19 *Ebd.*, 49.
20 *Ebd.*, 52.
21 *Ebd.*, 53.
22 *Ilarion.*
23 *Gurjewitsch.*
24 *Ph. Ariés*: Geschichte der Kindheit, München 1976.
25 *Ilarion*, 101.
26 *Ebd.*, 102.
27 *Geschichte der Kultur I*, 415.
28 *Haase*, 13.
29 *Rybakov*: Ljubeč.
30 PVL I, 47.
31 *Karger.*
32 *Toločko*: Drevnij Kiev, 35ff.
33 PVL I, 49.
34 *Ilarion*, 101.
35 PVL I, 54.
36 *Ebd.*, 47.
37 *Ebd.*, 47f.
38 *Ebd.*, 48.
39 *Stender-Petersen*: Varägersage, 81f.
40 PVL I, 48.
41 *Ebd.*, 48.
42 *Ebd.*, 81.
43 *Konst. Porph.*: De administrando, 57ff.
44 *Geschichte der Kultur I*, 293f.
45 PVL I, 36.
46 *Adam von Bremen.*
47 PVL I, 34.
48 *Adalberts Fortsetzung*, 170.
49 *Kirchengeschichte*, 346f.
50 PVL I, 49.

51 *Ebd.*, 49.
52 *Ebd.*, 49.
53 *Ebd.*, 50.
54 *Goetz*: Handelsverträge, 262 ff.
55 *Bulkin/Lebedev.*
56 *Avdusin.*
57 *Herrmann*: Handelstransport, 123.
58 *Erste Novgoroder Chronik.*
59 *Trudy.*
60 PVL I, 18.
61 *Ebd.*, 53.
62 *Ebd.*, 53.
63 *Ebd.*, 53.
64 *Ebd.*, 53.
65 *Ebd.*, 53 f.
66 *Ebd.*, 54.
67 *Ebd.*, 54.
68 *Ebd.*, 54.
69 *Vasmer I*, 171.
70 *Whitelock.*
71 *Rimbert*, 96.
72 *Noonan.*
73 *Herrmann*: Handelstransport, 97 ff.
74 *Adam von Bremen*, 252.
75 PVL I, 18.
76 *Schramm.*
77 *Dralle.*
78 *Vasmer.*
79 *Stender-Petersen*: Slavisch-germanische Lehnwortkunde.
80 *Helmold.*
81 *Herrmann*: Handelstransport, 61.
82 *Brønsted*, 166.
83 *Ebd.*, 166.
84 *Ebd.*, 197 ff.
85 *Ebd.*, 198.
86 *Ostrogorsky*, 243.
87 PVL I, 54.
88 *Ebd.*, 54.
89 *Ebd.*, 54.
90 *Ebd.*, 55 f.
91 *Ebd.*, 56.
92 *Ebd.*, 6.
93 *Ebd.*, 56.
94 *Ebd.*, 56.
95 *Ebd.*, 56.
96 *Urlanis.*
97 *Klutschewskij I*, 56 f.
98 *Handbuch I*, 407.
99 *Vilinbachov*,50.
100 *Točko*: Das Kiever Wohnhaus.
101 *Sovetskaja istoriografija.*
102 *Frojanov.*
103 *Nazarov/Pašuto/Čerepnin.*
104 *Vilinbachov*, 58.
105 *Poppe*: Das Reich der Rus.
106 *Geschichte der Kultur I*, 136.
107 *Welt der Slawen*, 209.
108 *Karger*: Novoe v acheologii.
109 PVL I, 40.
110 *Zikora*, 85.
111 PVL I, 54.
112 *Ebd.*, 54.
113 *Ebd.*, 54.
114 *Ebd.*, 56.
115 *Ebd.*, 88.
116 Zitat n.*Rauchspur*, 260 ff.
117 *Šachmatov*: Razyskanija.
118 *Frings/Braun*, 94 ff.
119 *Geißler.*
120 *Löwis of Menar.*
121 PVL I, 55 f.
122 *Ebd.*, 53.
123 *Ebd.*, 65.
124 *Stender-Petersen*: Varägersage, 213 ff.
125 *Ebd.*, 221 ff.
126 *Šachmatov*: Korsunskaja legenda, 1074 ff.

127 *Frenzel.*
128 PVL I, 56f.
129 *Ebd.*, 57f.
130 *Ebd.*, 57.
131 *Zeki Validi Togan*, XIX.
132 *Ebd.*, 97f.
133 *Ebd.*, XI.
134 *Ebd.*, 98.
135 *Hellmann*: Vladimir, 408ff.
136 *Thietmar von Merseburg*, 435.
137 *Ebd.*, 435.
138 *Vasmer* I, 209.
139 *Rose*, 186.
140 *Podskalsky*, 120.
141 *Ilarion*, 41.
142 *Rose*, 189.
143 *Ilarion*, 47f.
144 *Rose*, 189.
145 PVL I, 89.
146 *Dörries.*
147 *Ebd.*, 30.
148 *Gregor von Tours*, 119.
149 *Ebd.*, 117.
150 PVL I, 81.
151 *Brückner*: Slaven.
152 *Ebd.*, 16.
153 PVL I, 56.
154 *Ebd.*, 58 f.
155 *Reiter.*
156 *Schmaus.*
157 *Dittrich.*
158 *Schütz.*
159 PVL I, 25.
160 *Ebd.*, 34.
161 *Ebd.*, 24.
162 *Rożniecki.*
163 *Haase*, 46ff.
164 *Vasmer II*, 345.
165 *Haase*, 72.
166 *Reiter*, 175.
167 *Vasmer* I, 98.
168 *Mansikka*, 66ff.
169 *Vasmer* II, 625.
170 *Mansikka*, 39ff.
171 *Vasmer* II, 586.
172 *Schütz*, 92.
173 PVL I, 52.
174 *Brückner*: Mythologische Thesen, 11.
175 *Schütz*, 88ff.
176 *Ebd.*, 90.
177 *I. Turgenjew*: Aufzeichnungen eines Jägers, Berlin 1981 (Gesammelte Werke in Einzelbänden), 124f.
178 *Mansikka*, 149ff.
179 *Kljutschewskij* I, 55.
180 *E. R. Curtius*: Europäische Literatur und lateinisches Mittelalter, Bern/München [4]1963, 457.
181 PVL I, 56.
182 *G. Boccaccio*: Das Dekameron, 2 Bde. Berlin/Weimar 1980 (Taschenbibliothek der Weltliteratur), I, 50.
183 *Gesta Romanorum*: Geschichten von den Römern. Ein Erzählbuch des Mittelalters, hg. v. W. Trillitzsch, Leipzig 1873, 191f.; 462f.
184 *E. Schmidt*: Lessing. Geschichte seines Lebens und seiner Schriften, 2 Bde., Berlin [3]1909, II, 325.
185 *Pannonische Legende*, 16f.
186 *Grivec.*
187 *Pannonische Legende*, 29.
188 *Schaeder*, 249f.
189 *Jehuda ha-Levi*: Das Buch Kusari, hg. v. D. Cassel, Berlin [4]1920 (Die religionsphilosophischen Werke des Judentums, 5).

190 PVL I, 59.
191 *Ebd.*, 60f.
192 *Podskalsky*, 184f.
193 *Ebd.*, 184.
194 PVL I, 84.
195 PVL II, 348.
196 PVL I, 59ff.
197 *Ebd.*, 63.
198 *Ebd.*, 71.
199 *Ebd.*, 73.
200 *Ebd.*, 74.
201 *Ebd.*, 74.
202 *Ebd.*, 74.
203 *Ebd.*, 74f.
204 *Ebd.*, 75.
205 *Ebd.*, 75.
206 *Ebd.*, 75.
207 *Poppe*: Political Background.
208 *Kawerau.*
209 PVL I, 75.
210 *Ebd.*, 76.
211 *Ebd.*, 76.
212 *Ebd.*, 76.
213 *Kawerau*, 43.
214 *Ebd.*, 16f.
215 PVL I, 76f.
216 *Ilarion*, 14f.
217 *Ebd.*, 42f.
218 *Poppe*: Political Background.
219 *Dölger.*
220 *Zakythinos*, 5f.
221 PVL I, 83.
222 *Ebd*, 12.
223 *Podskalsky*, 11f.
224 *Murjanoff.*
225 PVL I, 12.
226 *Ilarion*, 41f.
227 *Ebd.*, 43.
228 PVL I, 80.
229 *Ilarion*, 43.
230 *Ebd.*, 43.
231 PVL I, 81.
232 *Ebd.*, 103.
233 *Müller.*
234 PVL I, 83.
235 *Ebd.*, 83.
236 *Ebd.*, 81.
237 *Ebd.*, 85f.
238 *Ebd.*, 86.
239 *Ebd.*, 89.
240 *Ilarion*, 50f.
241 *Drevnije russkie stichotvorenie*, Moskau 1804.
242 *P. J. Rybnikov*: Pesni, 4 Bde., Moskau/Petrosavodsk 1861 bis 1864, II, 52.
243 *A. S. Puschkin*: Poeme und Märchen, Berlin/Weimar [4]1985 (Gesammelte Werke, 2).

# Literaturverzeichnis

## Zu den Quellenzitaten

Die verschiedenen Fassungen der altrussischen Chronik (Nestorchronik oder *Povest' vremennych let*) sind in der Sammlung *Polnoe sobranie russkich letopisej* ediert worden, von der bisher 33 Bde. vorliegen. Leichter zugänglich und vor allem durch ausführliche Kommentare, Register und eine neurussische Übersetzung erschlossen ist die Ausgabe *Povest vremennych let*, hg. v. D. S. Lichačev und B. A. Romanov unter der Redaktion von V. P. Adrianova-Peretc, 2 Bde. Moskau/Leningrad 1950. Auf den altrussischen Text dieser Ausgabe (abgekürzt PVL) wird in der vorliegenden Arbeit grundsätzlich verwiesen, der Text jedoch in deutscher Übersetzung zitiert. Dabei wurden herangezogen: R. Trautmann: *Die altrussische Nestorchronik. Povest' vremennych let*, Leipzig 1931, und H. Graßhoff/D. Freydank/G. Sturm, *Rauchspur der Tauben. Radziwiłł-Chronik*, Leipzig/Weimar 1986. Die Seitenzahlen in den Übersetzungen sind über die dort angegebenen Jahreszahlen ohne Schwierigkeiten auffindbar.

Die lateinischen Quellen wurden in der Regel nach der mit einer deutschen Übersetzung versehenen Ausgabe: *Ausgewählte Quellen zur deutschen Geschichte des Mittelalters. Freiherr vom Stein-Gedenkausgabe* zitiert.

Die Schreibweise der Eigennamen und geographischen Begriffe wurde auch in den Zitaten entsprechend der Duden-Transkription vereinheitlicht.

*Adalberts Fortsetzungen*, in: Quellen zur Geschichte der sächsischen Kaiserzeit, hg. v. A. Bauer/R. Rau (Ausgewählte Quellen zur deutschen Geschichte des Mittelalters. Freiherr vom Stein-Gedächtnisausgabe, 8), Darmstadt[2]1977.

*Adam von Bremen*: Bischofsgeschichte der Hamburger Kirche, in: Quellen des 9. und 11. Jahrhunderts zur Geschichte der Hamburgischen Kirche und des Reiches (Ausgewählte Quellen zur deutschen Ge-

schichte des Mittelalters. Freiherr vom Stein-Gedächtnisausgabe, 11), Berlin 1961.
*Altrussische Heiligenleben*, hg. v. K. Onasch, Berlin 1977.
*Die altrussische Nestorchronik*. Povest' vremennych let, hg. v. R. Trautmann (Slavisch-baltische Quellen und Forschungen, VI), Leipzig 1931.
*M. A. Alpatov*: Varjažskij vopros v russkoj dorevoljucionnoj istoriografii, in: Voprosi istorii 1982, H. 5, 31–45.
*Ders.*: Die Warägerfrage in der russischen Historiographie, in: Gesellschaftswissenschaften 1979, H. 2, 156–176.
*A. M. Ammann*: Abriß der ostslawischen Kirchengeschichte, Wien 1950.
*Ders.*: Untersuchungen zur Geschichte der kirchlichen Kultur und des religiösen Lebens bei den Ostslawen, H. 1: Die ostslawische Kirche im jurisdiktionellen Verband der byzantinischen Großkirche (988–1459), Würzburg 1955 (Das östliche Christentum, NF 13).
*A. M. Astachova*: Byliny. Itogie i problemy izučenija, Moskau/Leningrad 1966.
*D. A. Avdusin*: Gnezdovo i dneprovskij put', in: Novoe v archeologii, Moskau 1971, 159ff.
*N. de Baumgarten*: S. Wladimir et la conversion de la Russie, Rom 1932 (Oriens christianus, 79).
*F. Braun*: Das historische Rußland im nordischen Schrifttum des X–XIV. Jahrhunderts, in: FS Eugen Mogk, Halle/S. 1924, 150–196.
*J. Brønsted*: Die große Zeit der Wikinger, Neumünster 1964.
*A. Brückner*: Die Slaven, Tübingen 1926 (Religionsgeschichtliches Lesebuch, 3).
*Ders.*: Mythologische Thesen, in: Archiv für slavische Philologie 40 (1925) 1–21.
*B. A. Bulkin/G. S. Lebedev*: Gnezdovo i Birka, in: Kultura srednevekovoj Rusi, Leningrad 1974, 11ff.
*Continuator Reginonis*, hg. v. F. Kurze (Monumente Germaniae historica. Scriptores in us. scholarum), Hannover 1890; dt. Übersetzung in: Geschichtsschreiber der deutschen Vorzeit, von W. Wattenbach, 1890.
*R. Dittrich*: Zur religiösen Ur- und Frühgeschichte der Slaven, in: Jbb. für Geschichte Osteuropas 9 (1961), 481–510.
*F. Dölger*: Byzanz und die europäische Staatenwelt, Ettal 1953.
*H. Dörries*: Konstantin der Große, Stuttgart 1958 (Urban-Bücher, 29).
*E. Donnert*: Altrussisches Kulturlexikon, Leipzig 1985.
*L. Dralle*: Artanija-Rus-Verjagi. Bemerkungen zu einigen Problemen der Geschichte Altrußlands, in: Jbb. für Geschichte Osteuropas 33 (1985), 1–22.

*L. I. Emeljach*: Christianizacija Rusi, in: Religii mira. Ežegodnik 1986, Moskau 1987, 193–229.

*Die erste Novgoroder Chronik* nach ihrer ältesten Redaktion (Synodalhandschrift) 1016–1333/1352. Edition des altrussischen Textes und Faksimile der Handschrift im Nachdruck, hg. u. übers. v. J. Dietze, Leipzig 1971.

*J. Ferluga*: Der byzantinische Handel nach dem Norden im 9. und 10. Jahrhundert, in: Untersuchungen zu Handel und Verkehr der vor- und frühgeschichtlichen Zeit in Mittel- und Nordeuropa, T. 4: Der Handel der Karolinger- und Wikingerzeit, Göttingen 1987 (Abh. AdW Göttingen, 3. F., 156), 616–642.

*E. Frenzel*: Motive der Weltliteratur. Ein Lexikon dichtungsgeschichtlicher Längsschnitte, Stuttgart 1976 (Króners Taschenausgabe, 301).

*Th. Frings/M. Braun*: Brautwerbung. 1. Teil, Leipzig 1947 (Berichte über die Verhandlungen der Sächsischen Akademie der Wissenschaften zu Leipzig, phil-hist. Kl., 96,2).

*I. Ja. Frojanov*: Kievskaja Rus'. Očerki social' nopolitičeskoj istorii, Leningrad 1980.

*F. Geißler*: Brautwerbung in der Weltliteratur, Halle/S. 1955.

*Geschichte der Kultur der Alten Rus'*. Die vormongolische Periode, hg. v. B. D. Grekow/M. L. Artamonow, 2 Bde., Berlin 1959.

*L. K. Goetz*: Deutsch-russische Handelsverträge des Mittelalters, Hamburg 1916.

*Ders.*: Der Titel »Großfürst« in den ältesten russischen Chroniken, in: Zeitschrift für osteuropäische Geschichte 1 (1911), 23–66.

*H.-J. Grabmüller*: Die russischen Chroniken des 11.–18. Jahrhunderts im Spiegel der Sowjetforschung (1917–1975), in: Jbb. für Geschichte Osteuropas 24 (1976), 394–416; 25 (1977), 66–90.

*Gregor von Tours*: Zehn Bücher Geschichten, Berlin 1956 (Ausgewählte Quellen zur deutschen Geschichte des Mittelalters. Freiherr vom Stein-Gedächtnisausgabe, 1).

*F. Grivec*: Konstantin und Method. Lehrer der Slaven, Wiesbaden 1960.

*A. J. Gurjewitsch*: Das Weltbild des mittelalterlichen Menschen, Dresden 1972 (Fundus-Bücher 55–57).

*Ders.*: Mittelalterliche Volkskultur. Probleme zur Forschung, Dresden 1981 (Fundus-Bücher 101/102).

*F. Haase*: Volksglaube und Brauchtum der Ostslaven, Breslau 1939 (Wort und Brauch, 26).

*Handbuch der Geschichte Rußlands*, Bd. 1: Von der Kiever Reichsbildung bis zum Moskauer Zartum, hg. v. M. Hellmann, Stuttgart 1976ff.

*Das heidnische und christliche Slaventum*. Acta Congressus Internationalis

Historiae Slavicae (Salzburg 1967), 2 Bde., Wiesbaden 1969 (Annales Instituti Slavici, 2).

*K. Heller*: Russische Wirtschafts- und Sozialgeschichte, Bd. 1: Die Kiever und die Moskauer Periode (9.–17. Jahrhundert), Darmstadt 1987.

*M. Hellmann*: Das Herrscherbild der sogenannten Nestorchronik, in: Speculum historiale, Freiburg/München 1965, 224–236.

*Ders.*: Slawisches, insbesondere ostslawisches Herrschertum im Mittelalter, in: Vorträge und Forschungen 3 (1954/56), 243–277.

*Ders.*: Ottonen und Rjurikiden. Bemerkungen zur Wiederaufnahme einer Diskussion, in: Jbb. für Geschichte Osteuropas 29 (1981), 569 bis 576.

*Ders.*: Vladimir der Heilige in der zeitgenössischen abendländischen Überlieferung, in: ebd. 7 (1959), 397–412.

*Helmold von Bosau*: Slawenchronik (Ausgewählte Quellen zur deutschen Geschichte des Mittelalters. Freiherr vom Stein-Gedächtnisausgabe, 19), Berlin 1963.

*J. Herrmann*: Handelstransport und Warenstruktur der Ostsee-Ökonomie, in: Wikinger und Slawen. Zur Frühgeschichte der Ostseevölker, hg. v. J. Herrmann, Berlin 1982, 113–148.

*Ilarion*: Des Metropoliten Ilarion Lobrede auf Vladimir den Heiligen und Glaubensbekenntnis. Nach der Erstausgabe von 1844 neu hg. v. L. Müller, Wiesbaden 1962 (Slavistische Studienbücher, 2); dt. Übers. v. L. Müller: Die Werke des Metropoliten Ilarion, München 1971 (Forum Slavicum).

*F. Kämpfer*: Das russische Herrscherbild von den Anfängen bis zu Peter dem Großen. Studien zur Entwicklung politischer Ikonographie im byzantinischen Kulturkreis, Recklinghausen 1978 (Beiträge zur Kunst des christlichen Ostens, 8).

*M. K. Karger*: Drevnij Kiev, 2 Bde., Moskau 1958/1961.

*Ders.*: Novoe v archeologii Kieva, Kiev 1981.

*P. Kawerau*: Arabische Quellen zur Christianisierung Rußlands, Wiesbaden 1967 (Osteuropastudien der Hochschulen des Landes Hessen, Reihe II. Marburger Abhandlungen zur Geschichte und Kultur Osteuropas, 7).

*Kirchengeschichte als Missionsgeschichte*, Bd. 2: Die Kirche des frühen Mittelalters, 1. Halbbd., München 1978.

*W. Klutschewski*: Geschichte Rußlands, 4 Bde., Stuttgart/Berlin 1925 bis 1926.

*H. Koch*: Byzanz, Ochrid und Kiev 987–1037, in: Kyrios 3 (1938), 253 bis 292; Neudruck in: *ders.*, Kleine Schriften zur Kirchen- und Geistesgeschichte Osteuropas, Wiesbaden 1962 (Veröffentlichungen des Osteuropa-Institutes München, 17), 9–41.

*Konstantinos VII. Porphyrogennetos*: De administrando imperio, Textausg. mit engl. Übers. v. G. Moravcsik/R. J. H. Jenkins, Budapest 1949; Neuausg. Washington 1967; Bd. 2: Kommentare, London 1962.

*Ders.*: De ceremoniis aulae byzantinae, hg. v. I. Reiske, Bonn 1829–1830.

*A. G. Kuz'min*: Skazanie ob apostole Andree i ego mesto v Načal'noj Letopisi, in: Letopisi i chroniki, Moskau 1974, 37–47.

*G. Laehr*: Die Anfänge des russischen Reiches. Politische Geschichte im 9. und 10. Jahrhundert, Berlin 1930 (Historische Studien, 189).

*Lambert von Hersfeld*: Annalen, Berlin 1957 (Ausgewählte Quellen zur deutschen Geschichte des Mittelalters. Freiherr vom Stein-Gedächtnisausgabe, 13).

*V. N. Lazarev*: Novye dannye o mozaikach i freskach Sofii Kievskoj. Gruppovoj portret semejstva Jaroslava, in: Vizantijskij vremennik 15 (1959), 148–169.

*G. G. Litavrin/V. L. Janin*: Nekotorye problemy russko-vizantijskich otnošenij v IX–XV., in: Istorija SSSR 1970, 32–55.

*Löwis of Menar*: Die Brünhildsage in Rußland, Leipzig 1923 (Palaestra, 142).

*Ch. Lovmjan'skij* (H. Łowmianski): Rus' i normanni, Moskau 1985.

*V. J. Mansikka*: Die Religion der Ostslaven, Bd. 1: Die Quellen (mehr nicht erschienen), Helsinki 1922 (FF Communications X, 43).

*A. A. Molčanov*: K voprosu o chudožestvennych osobennostjach i portretnosti izobraženie na drevnejšich russkich monet, in: Vestnik Moskovskogo universiteta, ser IX (Istorija) 28 (1973), 72–86.

*E. Mühle*: Die Anfänge Kievs (bis ca. 980) in archäologischer Sicht. Ein Forschungsbericht, in: Jbb. für Geschichte Osteuropas 35 (1987), 80 bis 101.

*L. Müller*: Zum Problem des hierarchischen Status und der jurisdiktionellen Abhängigkeit der russischen Kirche vor 1039, Köln 1959 (Osteuropa und der deutsche Osten, III, 6).

*M. Murjanoff*: Andreas der Erstberufene im mittelalterlichen Europa, in: Sacris Erudiri 17 (1966), 411–427.

*V. D. Nazarov/V. T. Pašuto/V. T. Čerepnin*: Problemy obščestvenno-političeskoj istorii feodal'noj Rossii v novejšej istoriografii, in: Voprosi istorii 1976, Heft 4, 25–48.

*Th. S. Noonan*: Why the Wikings First Came to Russia, in: Jbb. für Geschichte Osteuropas 34 (1986), 321–348.

*D. Oljančyn*: Die Symbolik des Zeichens auf den Münzen Wladimirs des Großen und seiner Nachkommen, in: Jbb. für Geschichte Osteuropas 4 (1956), 1–17.

*K. Onasch*: Grundzüge der russischen Kirchengeschichte, Göttingen 1967 (Die Kirche in ihrer Geschichte, Bd. 38, Lief. M, 1. Teil).

*G. Ostrogorsky*: Geschichte des byzantinischen Staates, München [3]1963.
*Die Pannonische Legende*. Das Leben der Slawenapostel Kyrill und Method, hg. v. N. Randow, Berlin 1972.
*S. A. Pletnjowa*: Die Chasaren. Mittelalterliches Reich an Don und Wolga, Leipzig 1978.
*G. Podskalsky*: Christentum und theologische Literatur in der Kiever Rus' (988–1237), München 1982.
*Ders.*: Zwischen Erbe und Auftrag. Die Tausendjahrfeier der »Taufe der Rus« (988–1988), in: Stimme der Zeit 1987, H. 6.
*A. Poppe*: The Political Background to the Baptism of Rus'. Byzantine-Russian Relations between 986–89, in: Dumbarton Oaks Papers 30 (1976), 195–244.
*Ders.*: Das Reich der Rus im 10. und 11. Jahrhundert, Wandel der Ideenwelt, in: Jbb. für Geschichte Osteuropas 28 (1980), 334–354.
*Povest' vremennych let*, hg. v. D. S. Lichačev/B. A. Romanov unter der Redaktion v. V. P. Adrianova-Peretc, 2 Bde. Moskau/Leningrad 1950.
*Z. Rajewski*: Zur Rolle des heidnischen Zauberer- und Priestertums bei den Slawen in der Periode der Herausbildung und Festigung des Feudalsystems, in: Die Rolle der Volksmassen in der Geschichte der vorkapitalistischen Gesellschaftsformationen (Veröffentlichungen des Zentralinstituts für Alte Geschichte und Archäologie, 7), Berlin 1975, 315–322.
*G. v. Rauch*: Frühe christliche Spuren in Rußland, in: Zarenreich und Sowjetstaat, Göttingen 1980, 12–50.
*Rauchspur der Tauben*. Radziwiłł-Chronik, hg. v. H. Graßhoff/ G. Sturm/F. Freydank, Leipzig/Weimar 1986.
*N. Reiter*: Mythologie der alten Slawen, in: Wörterbuch der Mythologie, Bd. 2: Götter und Mythen im alten Europa, Stuttgart 1973, 163–208.
*Rimbert*: Leben Ansgars, in: Quellen des 9. und 11. Jahrhunderts zur Geschichte der Hamburgischen Kirche und des Reiches (Ausgewählte Quellen zur deutschen Geschichte des Mittelalters. Freiherr vom Stein-Gedächtnisausgabe, 11), Berlin 1961.
*K. Rose*: Grund und Quellort des russischen Geisteslebens. Von Skythien bis zur Kiewer Rus, Berlin 1956 (Studien aus dem Institut für Ost- und Südslawische Religions- und Kirchenkunde der Humboldt-Universität, 1).
*S. Rożniecki*: Perun und Thorn. Ein Beitrag zur Quellenkritik der russischen Mythologie, in: Archiv für slavische Philologie 23 (1901), 462 bis 520.
*Russko-skandinavskie svjazi* epochi obrazovanija Kievskogo gosudarstva

na sovremennom etappe archeologičeskogo izučenija, in: Kratkie soobščenija Instituta archeologii AN SSSR 1980, Nr. 160.
*B. A. Rybakov*: Drevnjaja Rus'. Skazanija, Byliny, Letopisi, Moskau 1963.
*Ders.*: Jazyčestvo drevnej Rusi, Moskau 1987.
*Ders.*: Ljubeč et Viticev – deux portes de la Russie intérieure, in: I. Miedzynarodowy Kongres Archeologii Słowiańskiej (Warschau 1965), Wrocław 1970, 15–20.
*A. A. Šachmatov*: Korsunskaja legenda o kreščenie Vladimira, in: Sbornik statej, Bd. 2, St. Petersburg 1908.
*Ders.*: Razyskanija o drevnejšich russkich letopinsnych svodach, St. Petersburg 1908.
*Ja. N. Ščapov*: O funkcijach obščiny v Drevnej Rusi, in: Obščestvo i gorsudarstvo feodal'noj Rossii, Moskau 1975, 13–21.
*H. Schaeder*: Geschichte und Legende im Werk der Slavenmissionare Konstantin und Method, in: Historische Zeitschrift 152 (1935), 229–255.
*A. Schmaus*: Zur altslawischen Religionsgeschichte, in: Saeculum. Jahrbuch für Universalgeschichte 4 (1953), 206–230.
*G. Schramm*: Die erste Generation der altrussischen Fürstendynastie. Philologische Argumente für die Historizität von Rjurik und seinen Brüdern, in: Jbb. für Geschichte Osteuropas 28 (1980), 321–333.
*J. Schütz*: Denkform und Sinngehalt ostslavischer Götternamen, in: Das heidnische und christliche Slaventum (vgl. oben) II, 86–93.
*M. P. Sotnikova*: Srebrenniki Kievskogo klada 1876 g., in: Numizmatika i sfragistika 3 (1968), 114–137.
*Sovetskaja istoriografija Kievskoj Rusi*, Leningrad 1978.
*Sovetskoe Istočnikovedenie Kievskoj Rusi*, Leningrad 1979.
*A. Stender-Petersen*: Geschichte der russischen Literatur, 2 Bde., München 1957.
*Ders.*: Slavisch-Germanische Lehnwortkunde. Eine Studie über die ältesten germanischen Lehnwörter im Slavischen in sprach- und kulturgeschichtlicher Beleuchtung, Göteburg 1927.
*Ders.*: Die Varägersage als Quelle der altrussischen Chronik, Kopenhagen 1934 (Acta Jutlandica, VI, 1).
*G. Stökl*: Russische Geschichte. Von den Anfängen bis zur Gegenwart, Stuttgart $^{3}$1973 (Kröners Taschenausgabe, 244).
*M. B. Sverdlov*: Die politischen Beziehungen zwischen der Rus und Deutschland in der zweiten Hälfte des 10. und in der ersten Hälfte des 11. Jh., in: Russisch-deutsche Beziehungen von der Kiever Rus bis zur Oktoberrevolution, Berlin 1976, 1–17.
*Thietmar von Merseburg*: Chronik, hg. v. W. Trillmich, Berlin 1962.
*P. P. Toločko*: Drevnij Kiev, Kiew 1983.
*Ders.*: Istoryčna topografija starodavńoho Kyjeva, Kiew 1970

*Ders.*: Das Kiever Wohnhaus des 10.–13. Jahrhunderts, in: Das Altertum 28 (1982), H. 1, 169–176.

*I. I. Tolstoj*: Drevnejšie russkie monety velikogo knažestva Kievskogog. Numizmatičeskij opyt, St. Petersburg 1882.

*R. Trautmann*: Die Volksdichtung der Großrussen, Bd. 1: Das Heldenlied (Die Byline), Heidelberg 1935 (Sammlung slavischer Lehr- und Handbücher, Reihe 2, 7).

*Trudy* Novgorodskoj archeologičeskoj ekspedicii, 4 Bde., Moskau 1956 bis 1963.

*B. Unbegaun*: Heidnisches und christliches in der ostslawischen Namensgebung, in: Das heidnische und christliche Slaventum (vgl. oben) II, 94–97.

*B. C. Urlanis*: Rost naselenija v Evrope. Opyt isseledovanija, Moskau 1941.

*Varangian Problems.* Report on the first international symposium on the theme »The Eastern Connections of the Nordic Peoples in the Viking Period and Early Middle Ages«, Kopenhagen 1970, in: Scando Slavica, Supplementum I.

*M. Vasmer*: Russisches etymologisches Wörterbuch, 3 Bde., Heidelberg 1953–1958 (Indogermanische Bibliothek, Reihe 2).

*G. Vernadsky*: The status of the russian church during the first half century following Vladimirs's conversion, in: Slavic and East European Review 20 (1941), 29–35.

*V. B. Vilinbachov*: Die Ostslawen im 10.–11. Jh. Eine sozialpsychologische Studie, in: Jb. für Geschichte der sozialistischen Länder Europas 23/2 (1979), 47–67.

*Ders.*: Rannesrednevekovyj put' iz Baltiki v Kaspij, in: Slavia antiqua 21 (1974), 83–110.

*H. G. Voigt*: Brun von Querfurt. Mönch, Eremit, Erzbischof der Heiden und Märtyrer, Stuttgart 1907.

*Vvedenie christianstva na Rusi*, Moskau 1987.

*Welt der Slawen.* Geschichte, Gesellschaft, Kultur, Leipzig/Jena/Berlin 1986.

*D. Whitelock*, English Historical Documents c. 500–1042, London 1979.

*Wikinger und Slawen.* Zur Frühgeschichte der Ostseevölker, hg. v. J. Herrmann, Berlin 1982.

*D. A. Zakythinos*: Byzantinische Geschichte 324–1071, Wien/Köln/Graz 1979.

*A. Zeki Validi Togan*: Ibn Fadlan's Reisebericht, Leipzig 1939 (Abhandlungen für die Kunde des Morgenlandes, XXIV, 3, H. 6, 85–86).

*S. Zikora*: Der Palast der Großfürstin Olga, in Sputnik 17 (1983), H. 6, 85–88.

# Personenregister

Bildnachweis: ADN/Zentralbild (Abb. 1 bis 6),
Klaus G. Beyer (Abb. 7),
Universitätsbibliothek Leipzig (Abb. 12 bis 21),
Stimme der Orthodoxie (Abb. 8 bis 11)
Die Abbildung auf dem Einband
zeigt Wladimir d. Hl. aus einer
Wandmalerei in der Wladimir-
Kathedrale zu Kiew
(von Viktor Wasnezow, 1848–1926)